電柱のない
街並みの経済効果

事例に学ぶ不動産の評価と手法

足立良夫 編著
井上利一 著

はじめに

　10年ばかり地面の下のことばかり勉強しているような気がする。スタートは土壌汚染だった。土壌汚染は土地価格にどのような影響を与えるのか。多くの仲間と随分議論ができた。不動産業界ではない方々からたくさん貴重な情報をいただけた。なのに力足らずの私は、評価のための基本的なロジックを少しだけ構成できたかなという段階で、まだ蠢いている。

　浅薄な思考に留まっている最中に始めたのが次のテーマ、地震リスクと土地価格との関連性だ。もう16年も経ったのかと思う阪神淡路大震災、私にとってまだ記憶に新しい。あのとき、神戸の街は壊滅的なダメージを受けた。大阪在住の私も復興の手伝いをしたいと気張ってみたが、不動産鑑定士という専門資格は、起きてしまった大災害の前でいかに無力なものかを知らされただけだった。そこで、発生前のリスクと土地評価の関連性を研究しておかねばとの思いで重い腰を動かしたのが、5、6年前だっただろうか。

　思えば、これも地面の下のことだった。土壌汚染と同じく、土地価格が減価する業界にとっては厄介者扱いの要因だ。テーマを面白がってくれる同好の士がいなかったせいでもあり、地震に関わるリスクコミュニケーションと土木、地盤の専門家との議論ばかりに終始し、不動産評価の専門業界向けのアウトプットはできずじまいにいる。

　さて、電柱のない街並みの評価だ。街並みから電柱をなくして電線類を地中化するのだから、これも土地の中に関わるテーマだ。土壌汚染と地震リスクとは違う。土地価格にプラス方向の効果を与える要因だ。効果の詳細については、本書に譲るが、最大の効果は都市の景観を良くすることに尽きるようだ。

　勉強するようになってから、街を歩くときの視線の方向が変わってきた。水平より少し上を見ている。電線があるのかないのかを確認しながら歩いている。大都心のオフィス街には、ほとんど電線がない、電柱がない街並みが案外存在することに気付いたのも勉強を始めてからだ。しかし、ほとんどの街路に電線は毅然と存在し、電線は何層にも何重にも上空を覆っている。こんなに鬱陶しいスッキリしない街並みにいながら、慣れ親しんでいたらしく、

1

全く平気だった自分が不思議になるほどだ。

　私の原風景であるかのような、電柱があり電線がクモの巣のようにある街並みは、外国からの来訪者にとって奇妙な印象を受けるものである。日本には3,300万本を超える電柱があるといわれ、どこの街に行ってもそれだらけだ。ところが旅行で行ったマドリッドの都心にはなかった。スコットランドのエディンバラにも見かけなかった。電柱がないのだから張り巡らされた電線もない。そういえば、おもちゃ箱をひっくり返したような、と形容される強烈なにぎわいを見せる都市、香港の街中で撮った写真にも電線は見あたらない。海外の都市の抜けるような爽やかさを感じさせる景観の要は、上空空間に電線がないことなのか。なぜか街並みに落ち着きを覚えるのは、でしゃばった電柱がない景観だからか、と分かってきた。

　良好な都市景観の形成には、経済効果があるはずだ。外部経済効果として街並みにある土地の価格に影響を与える。増価方向に働くことになる。不動産評価を生業とするからには、見逃すことはできない。調べ始めた。都市の景観利益を認知する最高裁判例がすでに存在する。不動産評価理論にあたってみた。ない。ないのだ。評価実務にその先例は見あたらない。実務にもないのだ。

　良好な景観形成の一翼を担う電線のない街並みづくりを、中心的に推進している国の機関は、国土交通省だ。昭和61年からスタートし、4、5年間隔で計画を更新している。不動産鑑定業界を所管しているのも今の国土交通省だ。なのに、本邦の不動産評価理論と実務の基である不動産鑑定評価基準に、電線類地中化による景観形成の経済効果に直截的に言及する箇所を見つけることはできなかった。

　これじゃ、アカンな。

　執筆を始めるきっかけは、いつもこんなところだ。電線類地中化や景観価値形成に関する多くの分野の知識を学びながら、急ぎ上梓にと向かってしまった。テーマに関わる評価実務経験も乏しいまま、理論的に突き詰めたものでもないままであることは、先にお詫びしなければならない。

　ただし、分かってほしい。電線のない街並みづくりもその一端を担ってい

る都市の景観形成が、不動産の価値に与える影響は、不動産評価の重要な要素となる。不動産評価の専門家が、景観利益、景観価値の実務への反映を要請されることは必須である。

　きっかけとなる「これじゃ、アカンな」のそのまたきっかけを作ってくださったのが NPO 法人電線のない街づくり支援ネットワーク事務局長の井上利一氏である。氏は電線類地中化工事会社の代表者でもある。第 4 章で工事開始までの具体的な手続き、実際の工事費などを記述してもらった。便益-

費用分析の参考に欠かせない貴重な資料となる。また土木工事に疎い者として判りやすく、有り難い限りである。

　第5章の評価実例を主体的に作成してくれたのは、弊所所属の原田裕之不動産鑑定士である。理屈ばかりで評価の実務をしたがらない所長に代わって、様々な切り口から電線のない街並みの土地の評価を試みた力作である。さらに検討を加えなければならない点もあるだろう。ぜひ指摘してほしい。原田君の評価専門家の能力の一層の研鑽のためになることだろう。

　執筆の件を提案し、編集を担当していただいた住宅新報社の高場治郎氏に、まずお詫びしなければならない。締め切りを平然と無視し、スペインに逃げ去った筆者を心優しくもお許しいただいた貴殿のご慈愛に、深く感謝もしなければならない。本当にありがとうございました。

　添えている写真のことを書いておきたい。
　スペイン北部、ワイン産地リオハ県にあるログローニョの朝の写真である。サンティアゴ・デ・コンポステーラへの巡礼の道中の人口15万人ほどの市である。
　幅員8mほどの石畳の街路、奥のカテドラルの脇から射す朝日が両側の堅牢な建物に映えて美しい。ヨーロッパでは、こんな無名の一地方都市でさえ電柱がない街並みがあたりまえとなっている。

足立　良夫

目 次

第1章 無電柱化について

- **1-1** 無電柱化とは …… 12
- **1-2** 無電柱化の分類 …… 13
  - 1-2-1 形態からの分類 …… 13
  - 1-2-2 管理者別の分類 …… 22
- **1-3** 現状認識 …… 23
  - 1-3-1 日本の現状 …… 23
  - 1-3-2 諸外国との比較 …… 25
  - 1-3-3 日本の今後の電柱のない街並みづくり …… 26
- **1-4** 無電柱化、電線類地中化の効果（便益） …… 31
  - 1-4-1 安全で快適な交通空間の確保 …… 31
  - 1-4-2 都市景観の向上 …… 31
  - 1-4-3 都市災害の防止 …… 33
  - 1-4-4 情報通信ネットワークの安全性、信頼性の向上 …… 33
  - 1-4-5 地域としての地価水準、不動産（土地）経済価値の向上 …… 34
  - 1-4-6 その他の効果 …… 35
- **1-5** 無電柱化、電線類地中化のコスト等について …… 35
  - 1-5-1 無電柱化、電線類地中化の概算コスト …… 35
  - 1-5-2 コスト縮減の推進 …… 36
- **1-6** 電柱のない街並みづくりに関わる法律等 …… 38
  - 1-6-1 道路法 …… 38
  - 1-6-2 電線共同溝の整備等に関する特別措置法 …… 42
  - 1-6-3 景観法 …… 44
  - 1-6-4 高齢者、障害者等の移動等の円滑化の促進に関する法律 …… 48
  - 1-6-5 地域における歴史的風致の維持及び向上に関する法律 …… 50
  - 1-6-6 その他、条例等 …… 52

column#1 …… 56

FOOL JAPAN

第2章
不動産鑑定評価基準(理論)上での扱い

- **2-1** 電柱のない街並みと価格形成要因との関連 ………… 60
  - 2-1-1 無電柱化された街並みと一般的要因との関連は薄い ………… 60
  - 2-1-2 電柱のない街並みは地域要因に認識されている ………… 62
  - 2-1-3 土地の個別的要因を街並みの価格形成要因とはとらえられない ………… 66
- **2-2** 無電柱化の効果と価格形成要因 ………… 66
- **2-3** 不動産鑑定評価基準(理論)の電柱のない街並みの評価手法 ………… 69
  - 2-3-1 電柱のない街並みへの取引事例比較法の適用 ………… 69
    - 2-3-1-1 電柱のない街並みとしての地域要因の位置づけ ………… 71
  - 2-3-2 電柱のない街並みへの原価法の適用 ………… 74
    - 2-3-2-1 電線類地中化された街並みの再調達原価 ………… 75
    - 2-3-2-2 減価修正は必要か ………… 76
  - 2-3-3 電柱のない街並みへの収益還元法の適用 ………… 78
    - 2-3-3-1 収益価格を求める方法 ………… 78
    - 2-3-3-2 直接還元法の適用方法 ………… 78
    - 2-3-3-3 無電柱化、電線類地中化の効果の計測への活用 ………… 80
  - 2-3-4 電柱のない街並みへの開発法の適用 ………… 84
- **2-4** 不動産鑑定評価実務の現状 ………… 84

column#2 ………… 88
スズメが減った

第3章 電柱のない街並みの評価に関わるその他の手法

- **3-1** 相続税評価法上の評価 …… 92
  - 3-1-1 相続税上の宅地の評価方式 …… 93
    - 3-1-1-1 路線価の設定方法 …… 93
    - 3-1-1-2 画地個性率に無電柱化、電線類地中化の効果は表象されない …… 94
  - 3-1-2 路線価にみる無電柱化、電線類地中化の効果 …… 95
  - 3-1-3 先例研究にみる路線価の特性 …… 96
- **3-2** 固定資産税（土地）評価 …… 97
  - 3-2-1 宅地の固定資産税の評価方式 …… 98
    - 3-2-1-1 路線価の設定方法に無電柱化等の効果の反映はない …… 98
    - 3-2-1-2 既定の画地計算法に無電柱化等の効果の反映はない …… 99
- **3-3** ヘドニック法 …… 100
- **3-4** 仮想市場評価法（CVM） …… 102
- **3-5** コンジョイント分析 …… 104
- *column#3* …… 106
  景観の恵沢よりも団子

第4章 電線類地中化事業の実際

- ケーススタディ① ◆新規住宅開発地における電線類地中化 …… 114
- **4-1** 宅地開発に伴う電線類地中化の設計手順 …… 115
  - 4-1-1 計画に伴う調査項目 …… 115
    - 4-1-1-1 既設電柱位置 …… 115
    - 4-1-1-2 周辺道路の状況 …… 116
    - 4-1-1-3 各電線事業者の引き込み幹線 …… 116

CONTENTS

　　　4-1-1-4　管路埋設場所 …………………………………………… 116
　　　4-1-1-5　土質状況および地下水の有無 ………………………… 117
　　4-1-2　実施計画 …………………………………………………………… 118
　　　4-1-2-1　電気・電話・CATVの各配管計画作成 …………………… 118
　　　4-1-2-2　各電線事業者との打ち合わせ ………………………… 118
　　　4-1-2-3　電気の配管 …………………………………………… 118
　　　4-1-2-4　電柱への立ち上げ管路 ……………………………… 119
　　　4-1-2-5　管路の設計を行うにあたって ………………………… 120
　　　4-1-2-6　ハンドホールからの分岐数 ………………………… 120
　　　4-1-2-7　ハンドホールの間隔 ………………………………… 121
　　　4-1-2-8　電線類地中化の行政への移管 ……………………… 121
　　　4-1-2-9　使用材料 ……………………………………………… 122
　　4-1-3　施工計画 …………………………………………………………… 122
4-2　宅地開発に伴う電線類地中化構造物の行政移管手続きについて … 123
　　4-2-1　協定書について …………………………………………………… 124
　　　4-2-1-1　開発事業者との協定書（案）作成 …………………… 124
　　　4-2-1-2　協議終了後 …………………………………………… 124
　　　4-2-1-3　協定書案の配布 ……………………………………… 125
　　4-2-2　開発許可申請手続きについて …………………………………… 125
　　　4-2-2-1　概略設計図の制作 …………………………………… 125
　　　4-2-2-2　通信事業者の配管図 ………………………………… 125
　　　4-2-2-3　図面内容の確認 ……………………………………… 126
　　　4-2-2-4　設計図書の作成 ……………………………………… 126
　　　4-2-2-5　事前協議と将来のリスク回避 ……………………… 126
　　　4-2-2-6　開発許可申請手続きフロー ………………………… 126
4-3　電線類地中化にかかる費用 ………………………………………… 127
　　4-3-1　設計費 ……………………………………………………………… 128
　　4-3-2　施工費 ……………………………………………………………… 128
　　4-3-3　材料費 ……………………………………………………………… 128
　　4-3-4　負担金 ……………………………………………………………… 129
　ケーススタディ②　◆既成市街地 ……………………………………… 135

4-4	事業主のまちづくりに対する考え方	135
4-5	電線類地中化に向けて	137
4-6	設計までの道のり	140
4-7	電線管理者との交渉	143
4-8	全体のプロジェクトマネジメント方式	144
4-9	実際の施工上の問題点	145
4-10	大まかなコスト	146
4-11	課題	146
4-12	完成後の住民の反応	147
4-13	資産価値の向上	147
4-14	まとめ	148

ケーススタディ③ ◆既成市街地商店街 ……… 150

4-15	電線類地中化に至る経緯	150
4-16	まちづくりに対する考え方	154
4-17	電線類地中化の実施における問題点	155
4-18	地元との調整	157
4-19	工事の実施	157
4-20	工程管理	159
4-21	電線類地中化にかかるコスト	160
4-22	まちづくり交付金	161
4-23	事後評価について	162
4-24	これからのまちづくりについて	164

column#4 ……… 168
電柱なくして、すべてが住来

第5章
電柱のない街並みの評価実例

| 5-1 | 採用した評価手法 | 173 |
| 5-2 | 査定式 | 176 |

| 5－3 | 考察 | 182 |

column#5 184
オチたら、酒落にもならんとぞ思う

第6章
不動産評価の検証
―重要伝統的建造物群保存地区の路線価評価を検証する―

6－1	今井町地区のあらまし	188
6－2	今井町地区の地域要因	189
6－3	採用すべき説明変数（価格形式要因）の検討	198
6－4	相続税路線価の検証	201
6－5	固定資産税（土地）路線価の検証	204
6－6	考察	207

第1章 無電柱化について

1-1 無電柱化とは

　広い意味での「無電柱化」とは、道路に林立する電柱を、通行する人の視野に入らなくすることである。電柱が見えなくなれば、当然に電線類（電力線、電気通信線等）も視界から消えることになる。
　広義の無電柱化は大きく2つに区分できる。ひとつは電線類を地中に埋めることであり、通常「電線類地中化」という。他方、電線類地中化以外で電柱と電線を、道路を通行する人の視野から消すことがある。本書ではこれを狭義の無電柱化と考え、付加的な説明や断りを付けない限り、単に「無電柱化」と記載することとする。また本書では、広義の無電柱化のことを「無電柱化、電線類地中化」と表示することとした。

<図1-1>

<御堂筋>大都市の主要幹線道路の電線類地中化

第1章　無電柱化について

＜花見小路＞歴史的景観保全修景地区の無電柱化

1-2　無電柱化の分類

　広義の無電柱化は、物理的な形態別、費用負担者別で分類してみるとその全体像を理解しやすくなる。

1-2-1　形態からの分類

　広義の無電柱化を物理的な形態別で分類すると①電線類地中化方式と②狭義の無電柱化（電線類地中化以外の無電柱化）方式の2つに大別できる。それぞれはさらに細分化できる。

13

<図1-2-1> 無電柱化の形態別分類

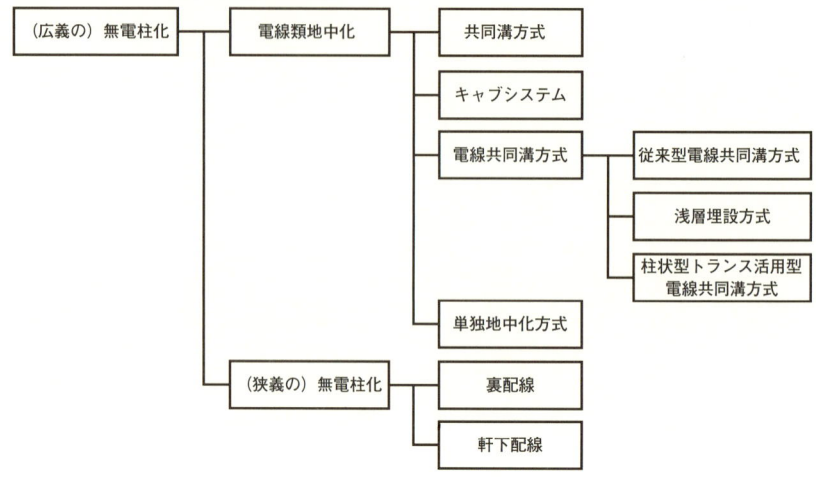

① 電線類地中化方式
(ア) 共同溝方式
　共同溝の整備等に関する特別措置法を根拠に電線類を地中化する方式である。2以上の公益事業者（上水道、下水道、都市ガス、電気など）の公益物件（上水道管、下水道管、都市ガス管、電力線など）を収容するために道路の地下に共同溝を埋設する方式である。
(イ) キャブシステム
　道路法を根拠法とした電線類（高圧電力線、低圧電力線、電気通信線、有線テレビ回線、有線音楽放送線など）を一括して収容する施設で、道路と一体的に設置された構造物であり、蓋がけU字構造物を地下に設ける方式となっている。
　昭和61年度から開始された国土交通省の電線類地中化計画第1期（〜平成2年度）、第2期（平成3年度〜平成6年度）に推進された方式である。電力需要の高いまたは電力需要の増大が見込まれる地域を中心に幹線道路での設置が推進された。広幅員の歩道が必要であり、コストが高いため現在はほとんど採用されていない。

第1章 無電柱化について

<図1-2-2> 地中化方式の変遷

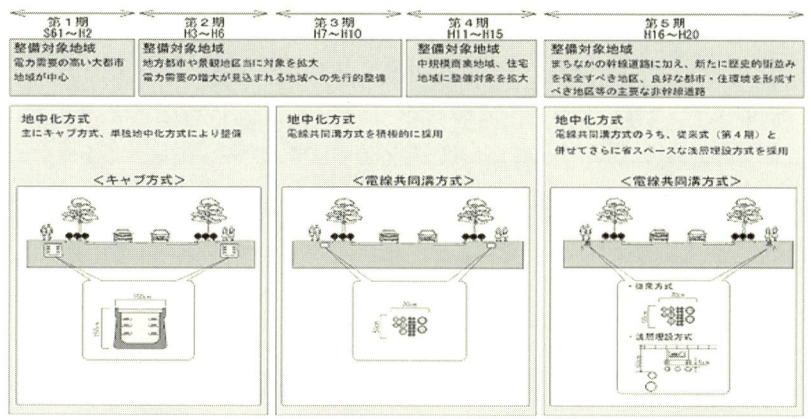

＊国交省四国地方整備局のHP

<図1-2-3> 電線共同溝の基本構造イメージ図

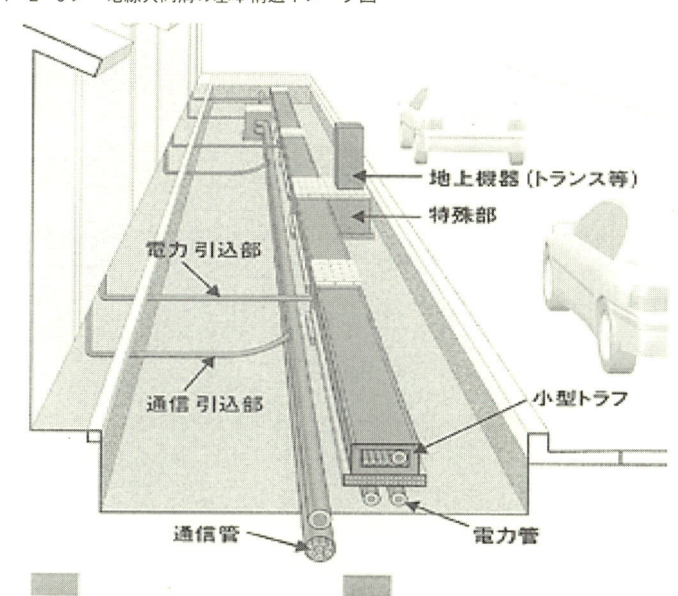

道路管理者施工（→電線共同溝）　電線管理者施工（→トランス・電線等）
※一部電線管理者が費用負担

＊国交省四国地方整備局のHP

15

㈦ 電線共同溝方式
　電線共同溝の整備に関する特別措置法を根拠に設けられる方式である。道路の附属物として管路を地中化する方式である。国土交通省の電線類地中化計画第3期（平成7年度～平成10年度）以降に推進された方式である。
　電線共同溝方式は、道路の地下空間を活用して電力線、通信線等をまとめて収容する無電柱化の手法であり、沿道の各戸へは地下から電力線や通信線等を引き込む仕組みになっている。
　この電線共同溝方式はさらに3つに区分できる。
ⅰ）従来型電線共同溝方式
ⅱ）浅層埋設方式
　地下に埋設する電線共同溝のスペースを小さくし、浅層に設けることができるようになっている。国土交通省の無電柱化推進計画（平成16年度～平成20年度）から推進されており、東京都では歩道の幅員が2.5m以上あれば標準として採用されている。
　歴史的街並みを保存すべき地区、良好な都市・住環境を形成すべき地区等の非幹線道路にも設置されている。

＜図1-2-4＞　浅層埋設方式イメージ

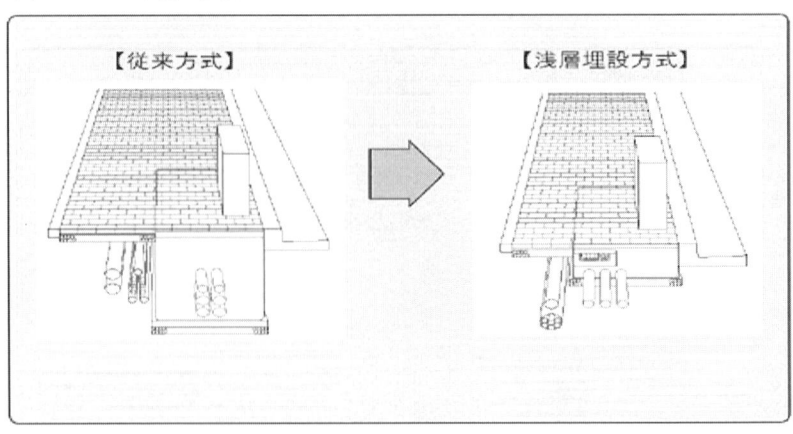

＊国交省四国地方整備局のHP

＜文京区千駄木3丁目付近＞

ⅲ）柱状型トランス活用型電線共同溝方式

　浅層埋設方式を採用するが、トランス等の地上機器を道路内に設置するスペースがないときに、トランス（変圧器）を街路灯柱に取り付けることで、幅員の狭い道路での電線共同溝を地中に埋設できる方式である。

　東京都文京区千駄木3丁目等に所在する「区道第1046号線」に平成15年度から施工が着手された方式である。

㈎　単独地中化方式

　電線管理者（電力事業者、電気通信事業者）が占用物件として管路を自ら敷設し地中化する方式である。昭和30年代から実施されていたが電線管理者の負担が大きく、現在はほとんど実施されていない。

② 無電柱化方式（電線類地中化以外の方式）

　平成16年度から実施された国土交通省の「無電柱化推進計画」（以前は「電線類地中化計画」と題していた）では、コスト負担が小さい無電柱化方式（電線類地中化以外の方式）を非幹線道路中心に導入することとしている。

＜柱状トランス＞

<図1-2-5> 裏配線

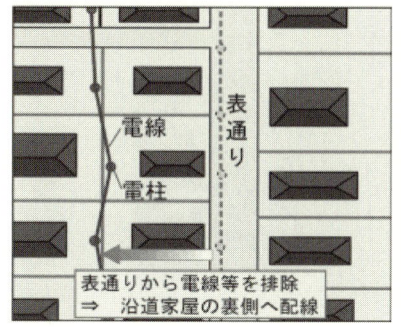
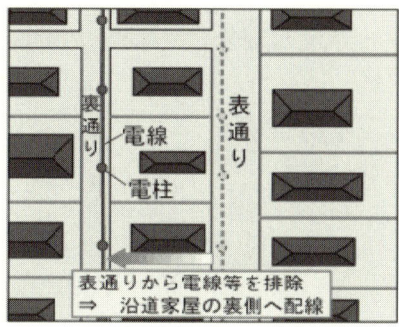

(ア) 裏配線

　無電柱化したい主要な表通りの裏通りや建物裏地のスペースに電線類を配置し、主要な表通りの沿道の需要家への引込みを裏通り等から行い、主要な表通りを無電柱化する方式である。

　たとえば、重要伝統的建造物群保存地区に選定された愛媛県内子町八日市護国地区では整備延長610mを裏配線で昭和62年に無電柱化されている。同じく重要伝統的建造物群保存地区に選定された長野県塩尻市の奈良井宿も裏配線での無電柱化を実施している。

(イ) 軒下配線

　無電柱化したい通りの脇道に電柱を配置し、そこから引き込む電線を沿道家屋の軒下または軒先に配置する手法である。

　軒下配線で無電柱化されたところとしては、広島県竹原市の竹原地区重要伝統的建造物群保存地区などが有名である。

<図1-2-6> 軒下配線

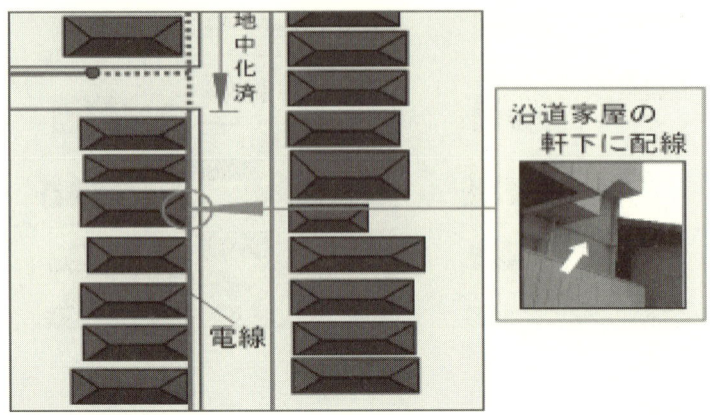

<竹原市竹原地区>

第1章 無電柱化について

＜竹原地区の軒下配線＞

1-2-2 管理者別の分類

① 電線共同溝方式

　電線共同溝の整備等に関する特別措置法に従って、道路管理者が電線共同溝を整備すべきとして指定した道路（または道路の区間）を道路管理者が電線共同溝を建設する手法である。国土交通省の定める第3期電線類地中化計画（平成7年度～平成10年度）以降の標準化手法である。

　電線共同溝の整備等に関する特別措置法第7条により、電線共同溝の占用予定者（電線等の管理をする予定者）は、電線共同溝の建設に要する費用のうち、電線共同溝の建設によって支出を免れることとなる推定の投資額等を勘案して政令で定めるところにより算出した額の費用を負担しなければならないこととなっており、当該負担金を除いた工事費を道路管理者が出捐することとなる。

② 自治体管路方式

　地方公共団体が管路設備を敷設する手法であり、第2期電線類地中化計画（平成3年度～平成6年度）の頃には、計画全体延長の約2割を占めていた。構造は電線共同溝とほぼ同じ管路方式が中心であり、管路等は、道路占用物件として地方公共団体が管理する。

③ 単独地中化方式

　電線管理者（電力事業者等）が自らの費用で地中化を行う手法である。昭和61年以前より実施されており、第1期電線類地中化計画（昭和61年度～平成2年度）では、計画全体延長の約8割を占めていた。しかし、新電線類地中化計画（平成11年度～平成15年度）では、計画全体延長の約3％であり、現在、電線管理者の負担がきわめて大きい等の理由により、実施されている例はきわめて少ない。管路等は電線管理者が道路占用物件として管理する。

④ 要請者負担方式

　各無電柱化協議会で優先度が低いとされた箇所等において無電柱化を実施する場合に用いる手法であり、原則として費用は全額要請者（事業者）が負担するものとする。

　新規開発の住宅地において、民間の開発事業者が全額費用負担して、宅地分譲終了後等に公道として、地方自治体に移管する道路に電線類地中化の構造物を建設し、道路と一緒に移管するというものである。この場合の構造物

の維持管理は地方自治体が行う。開発事業者は費用を全額負担する代わりに、将来のメンテナンスのリスクを地方自治体に移管する形式となり住民にとって安心できる仕組みとなる。

1-3　現状認識

　昭和30年代から実施されていたのが電線管理者による単独地中化方式による電線類の地中化であった。昭和61年度からは、国土交通省（当時は建設省）が「第1期電線類地中化計画」を公表し、キャブシステムを標準化として、電線類地中化は推進してきた。その後、約4半世紀の経過をみたが、日本国内で無電柱化、電線類地中化が大きく進展したとはいえないのが現状である。本項では、無電柱化、電線類地中化の日本の現状を確認し、諸外国との比較をしながら、なぜ国内において無電柱化、電線類地中化が進展しないかを考察してみたい。

1-3-1　日本の現状

　電線類地中化元年ともいわれる昭和61年度に公表された国土交通省（当時は建設省）の「第1期電線類地中化計画」は、その基本構想（注1）によると、道路管理者が設置するキャブシステムによる地中化と各電線類の管理者が行う単独地中化の2本立てで推進された。
　その成果は、「第2期電線類地中化計画」（平成3年度〜平成6年度）によると、大都市中心部の主要道路等を主体に、関係者の協力等（注2）により当初の計画を大幅に前倒ししつつ、積極的な推進ができたとしている。第2

注1）第1期電線類地中化計画の基本構想とは、電線類の地中化については必要に応じ道路管理者、電線管理者、学識経験者からなる地域ブロック協議会を設置し、構成員の意見を十分反映した調整を踏まえ、道路管理者が設置するキャブシステムによる地中化については道路管理者が、単独地中化については各電線管理者がそれぞれ策定する5年間の基本構想である。

注2）関係行政機関の支援、地域住民等の協力の下に電線管理者の多大な投資努力および道路管理者の取組があったとしている。

期計画からは、単独地中化についても電線類地中化方式に入っているが、電線管理者の負担が過大であることを考慮し、やや補完的な扱いとなり、代替するように自治体管路方式とキャブシステムを標準化方式に位置付けるようになっている。

続いて第3期（平成7年度～平成10年度）には、前2期により計画どおりの2,000kmの地中化の達成を踏まえ、さらに、「電線共同溝の整備等に関する特別措置法」が制定され、電線類地中化に係る新たな制度が作られるところとなった。

計画設定当初は平成11年度までの5年間で従来の3方式から変わって電線共同溝方式の先行整備により2,000km程度の地中化の実施とされていた。そこで、第1期～第3期では、比較的大規模な商業地域、オフィス街、駅周辺地区等の電力や通信の需要が高い都市部を中心に電線類の地中化がかなり進捗したために、第3期計画で1年間を残し、1,400kmの地中化が実現した。

そこで、地中化整備地区の見直しを行い、続く平成11年度～平成15年度における第4期で「新電線類地中化計画」と計画の名称の頭に「新」を付け、対象地域を中規模商店街や住宅地、景観の優れた地域等にまで拡大し、更なる推進、刷新を図ることとなった。当初は平成17年度までの3,000km程度の実施であった計画を変更し、平成15年度までに約2,100kmの地中化を実現し、平成16年度からは、新たな計画の推進となった。

国、地方自治体の財政難等の事情も踏まえた上で、地中化方式を構造的によりコンパクト、低コスト化を視野に、計画の名称を「電線類地中化」から電線類地中化以外の方式（裏配線、軒下配線）を考慮した「無電柱化推進計画」とし、市街地内の幹線道路に加え、歴史的街並みを保全すべき地区（主として裏配線、軒下配線による無電柱化）、良好な都市・住環境を形成すべき地区等の主要な非幹線道路においても無電柱化（浅層埋設方式、柱状トランス活用方式等も含め）を実施し、面的な整備を推進することとしている。

平成16年度から平成20年度までの5年間で実施できた無電柱化の整備延長は公表されていない。計画の3,000kmが実現できたとして、昭和61年度から23年間で約6,200kmの無電柱化、電線類地中化が国主体の事業により実現できたこととなる。

しかし、全国の道路総延長が約120万kmとされており、国主体の事業で

実現した約6,200kmは、わずか約0.5％にすぎず、無電柱化、電線類地中化が広く実現してきたということはできない。これが全国レベルでみた実状である。

1－3－2　諸外国との比較

日本と欧米各都市の電柱のない街並みづくりの比較を＜図1-3＞で無電柱化率にみるとその違いは如実である。この差異は近代都市の建設の段階に決定的に見出すことができるようである。

高田（注3）によると、ロンドンでは、19世紀を通じて地中化の方針を固め、以来一貫して電柱を立てるということは行われなかった歴史がある。都市づくりの特に大きなテーマとなったのが夜間の犯罪対策であり、夜間照明を普及するにあたって、ガス灯か電灯かが問題となったことが電線類地中化の発端といわれる。ガスはすでに地中化されていたが、同じ街灯を設置するのに、ガスが地中化のコストを負担し、電灯が地中化の負担をしないという

＜図1-3＞　欧米と日本の主要都市の無電柱化の現状

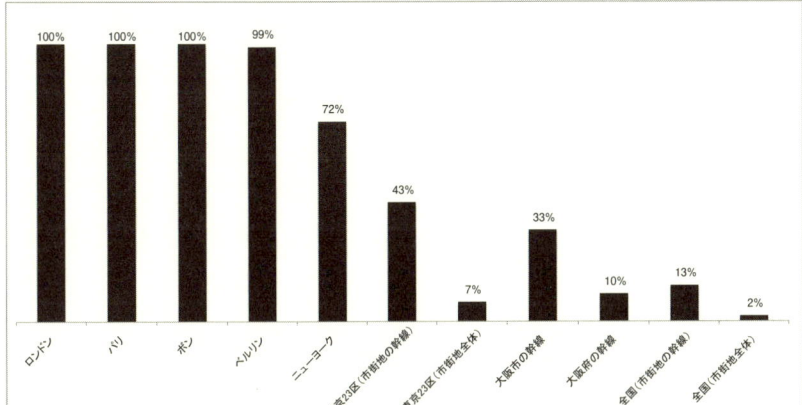

＊1　海外の都市は電気事業連合会調べによる1977年の状況（ケーブル延長）
＊2　日本は国土交通省調べによる平成20年度末の状況（道路延長ベース）
＊3　幹線（幹線道路）：市街地の一般国道、都道府県道全体：市街地の道路

注3）高田昇　「電柱のないまちづくり」（NPO法人電線のない街づくり支援ネットワーク編著、学芸出版社　2010年6月）第1章世界と日本—電線類地中化事業の違い

のは公平ではない、との議論があった。結果として電気も地中化すべきである、との世論が高まり、地中化の制度が確立された。

　さらに高田によると、ニューヨークでは、1800年代前半で、電気利用が急激に進み、街を電線が覆うという事態が発生していた。当時の架空線は裸線であり、感電により多くの死傷者が出るという社会問題が発生した。このまま放置してはきわめて危険であるということから、19世紀末に電線の地中化の方向性が固まったという歴史的な背景がある。

　日本においては、第2次世界大戦の空爆により焼け野が原となった市街地を急ぎ復興することが戦後の日本にとって第一義であり、経済の立て直しのためにも低廉な電力供給が最優先された。そのために、電線の地中化は議論にも上がらず、架空線での電力供給が標準化された歴史がある。電柱のある街並みに、架空線が張り巡らされ続ける状況が、何の抵抗もなく進められてきたということである。

1－3－3　日本の今後の電柱のない街並みづくり

　電力線による配電の必要が生じた時期当初から、電線は地下に埋設することになっていたロンドン等の欧米の都市は格別として、架空線による配電の時代から電線の地中化がある程度は時間を掛けながらも進み、普及したニューヨーク等と比較しても、日本の各都市の電柱、電線のない街並みづくりは、遅々として進展していない。政策的に進められてきた約4半世紀で、無電柱化率は市街地全体で約2％にすぎない。なぜ、日本では、このように電柱のない街並みづくりが進展しないのかを考え、解決策等を考察してみる。

　電柱のない街並みづくりが進展しない理由に、主として下記のような点が考えられる。

　　① 　良好な都市景観形成に対する意識の欠如
　　② 　経済性優先の施策方針
　　③ 　高コスト体質
　　④ 　助成制度化と拡充
　　⑤ 　技術者、コンサルタントの不足
　　⑥ 　効果（便益）の評価の問題

これらの点について、考察し、解決策等も考察してみよう。

① 良好な都市景観形成に対する意識の欠如

　電柱が林立し、架空線が張り巡る街並みの様相が、都市に生れ育った日本人には原風景となってしまっているようである。また建造物のデザイン等に関して、街並みとの調和は優先せず、単体としてのファザード等だけを重視、愛でてしまう意識が根付いてしまっていたようである。

　自然の修景の美しさには敏感であり、その保全を望む意識は早い時期から高まっていた。しかし、都市の景観に関しての形成、保全に対する意識は、近年になってからの萌芽をみてきたようである。

　景観法の施行、国立マンション景観訴訟（注4）の最高裁判決で法的に認められた「景観利益」を今後強く認識するようになってくるであろう。良好な景観形成、保全意識の高まりによって、都市景観の一部である道路上での景観形成の障害物としての電柱、架空線の撤去推進を求める声が高まることにより、良好な都市の景観の形成の一端を担う無電柱化、電線類地中化がこれから飛躍的に進展することを望みたい。

② 経済性優先の施策方針

　第1期電線類地中化計画に明記されているとおり、電線類地中化を進める範囲の第一は「電気、通信需要が今後増加するとみられる大都会の幹線道路」の電線類地中化の促進であり、商業地区等の業務中心の経済効率性等を優先し、生活空間としての良好な景観の形成を促進する方針はとられてこなかった。

　ゆえに電柱のない街並みの良好な景観に生活感覚で接し、これを望む市民レベルの声が上がることも少なかったといえよう。建築基準法、道路法等の行政的な規制と変圧器等の地上機器の設置の必要性等の技術的、政策的な問題は、依然として存在するが、無電柱化、電線類地中化を促進するためには、

注4）国立マンション景観訴訟：国立市にある大学通り等の良好な景観が形成されていることで著名な場所に建築されたマンションが、当該景観を壊すものであるという理由で、住民組織が上層階部分の撤去を求めた訴訟である。最高裁まで争われ、平成18年3月30日の判決では、住民側原告の全面敗訴であったが、「良好な景観が有する客観的な価値の侵害に対して密接な利害関係を有するものというべきであり、これらの者が有する良好な景観の恵沢を享受する利益（以下「景観利益」という）は、法律上保護に値するものと解するのが相当である」と「景観利益」を法的に認めることに至ったことで有名である。

経済性優先から居住空間を取り巻く景観の良化、形成を第一義に政策転換していく必要がある。

民間のデベロッパーによる住宅地の新規開発のケースでの開発許可の要件として、各地方自治体の開発指導要綱等の道路設置基準に電線類地中化を義務付ける等の規制によって、新規住宅開発では電線類地中化がスタンダードとなるような施策方針によって、無電柱化の推進をする必要がある。

③ 高コスト体質

電線類地中化工事費は、架空線敷設、配線工事費と比較してかなり高額となる。ケーブルを保護するための管路材、接続およびメンテナンス用の特殊部の材料費に加え、土の掘削、管路等の埋設、道路補修工事が必要となるからである。材料については電線管理者の指定が通常であるが、指定以外の代替材と比較してかなり高額という指摘も多い。

採用する材料は特殊なものが多く、また新素材の開発が遅れているので、コスト低減が進んでいない。

＜大阪市内、三休橋筋の地上機器＞

第1章　無電柱化について

＜港区元麻布の民地内の地上機器＞

　コスト問題ではないが、電線類地中化の場合、変電トランス等の地上機器を地上に設置する必要があり、これらを設置する場所の確保が問題となる。比較的広幅員で、十分な歩道幅が確保できる道路では、歩道に設置することで地上機器の設置スペースの問題は解決できる。
　しかし、幅員の狭い道路では、地上機器を置くスペースを民地内に確保しなければならない。
　この問題により、歩道が確保できない狭い幅員の道路（主として住宅地域に多い）は電線類地中化実施の優先順位が低くなり、進展しない。小型、地中設置可能型の地上機器の開発が望まれている。

　国土交通省の「無電柱化推進計画」では電線類地中化のコスト高の問題による電線類地中化の進展がなかなか図れない現状にかんがみ、電線類地中化以外の無電柱化の方式である軒下配線、裏配線を建ち並ぶ建造物の状況等を条件に標準化方式に準じて採用することを推奨している。軒下配線、裏配線

は、通常の電線類地中化工事に比べ、きわめて低廉な工事費で無電柱化が実現できるからである。

④　助成制度化と拡充

電線共同溝の整備等に関する特別措置法による電線類地中化工事の場合、工事費の2分の1を国、2分の1を地方自治体が補助するという手厚い補助金制度が法により担保されている。

しかし、民間デベロッパーによる新規住宅開発事業への補助金等の助成制度がないことも、電線類地中化が進まない事情のひとつである。新規住宅開発事業に電線類地中化の義務づけを条件に、開発期間中の固定資産税等の公租公課の軽減や免除、または法人税等の軽減措置等の助成制度を設けることで電線類地中化を促進してもよいのではないだろうか。

電線類地中化された住宅地に付加価値があるとの評価が一般化した折りには、当該住宅地に敷設される固定資産税路線価、相続税路線価にその付加価値が加算、評価されることになる。課税評価額が電柱のある街並みより高くなり、課税額は増価する。税負担が高いことが分かれば、電線類地中化の推進と逆行することとなる。推進する側の立場から電線類地中化された住宅地の課税標準額の軽減措置を望みたい。

⑤　技術者、コンサルタントの不足

電線類地中化の専門技術者は非常に少ないのが現状だそうだ。設計、施工の技術者の育成がなければ、適切な無電柱化、電線類地中化の促進を望むことさえもできない。

⑥　効果（便益）の評価の問題

無電柱化、電線類地中化することによる街並みに及ぼす効果（便益）を適切、適正に評価できる専門家は少ないのが実情である。不動産評価の理論においても、無電柱化、電線類地中化の効果にほとんど注目さえしていない。

無電柱化、電線類地中化の推進役としての行政機関としては、事業計画にあたり、費用対効果分析を要求されるので、効果（便益）に関し第三者機関による適正な評価が必要なのである。

1-4　無電柱化、電線類地中化の効果（便益）

無電柱化、電線類地中化の効果として、主に次の4つが考えられる。
　① 安全で快適な交通空間の確保
　② 都市景観の向上
　③ 都市災害の防止
　④ 情報通信ネットワークの安全性、信頼性の向上
　さらに上記4つの主たる効果の影響が及ぶことによる結果としての経済効果である
　⑤ 地域としての地価水準、不動産（土地）経済価値の向上
がある。さらに、上記5つの効果と密接な関連性があり、独立的効果とはいえないが、その他のいくつかの効果が指摘されている。
　⑥ その他の効果
本項では、これらの内容を確認してみることとした。

1-4-1　安全で快適な交通空間の確保

　歩道上の電柱は道幅を狭め、歩行者だけでなくベビーカーや車椅子の通行の妨げになることがある。無電柱化することにより歩道の幅員を確保するとともに歩行空間のバリアフリー化が図れる。
　歩道部分がない幅員狭小な道においても、無電柱化により同様の一定の安全な歩行空間が確保できるばかりでなく、自動車通行も比較的スムーズとなり、対面通行での離合が楽となるなど快適、安全な交通空間が確保できる。

1-4-2　都市景観の向上

　街路から電柱がなくなり、目の前に広がる空間から障害物が消える。上空空間から架空の電力線、電気通信線、変圧器等の機器がなくなる。電柱、架線による圧迫感等が消えること、視線を遮る障害物の消失等により都市に良好な景観を形成することになる。
　快適な都市空間を形成し、街並み、都市の居住空間としての魅力を向上させることができる。

＜香港　旺角（モンコック）＞香港の中でも特に下町風のモンコック。大きく派手な看板は有名だが、よくみると電線類は上空にない。

＜大阪　新世界＞通天閣をバックに、電線が張り巡る。

オフィス街等においても架空線がない爽快な上空空間の創造、窓から見える障害物のように見える架線の撤去等によるオフィス環境の良化を惹起させる。

江戸、明治時代に建築された建造物が建ち並ぶ伝統的建造物群保存地区などが無電柱化、電線類地中化されることにより、昔ながらの街並み・景観の再現、ノスタルジックな雰囲気を醸しだす景観の創造により、観光地としての魅力が向上することになる。

1－4－3　都市災害の防止

ＮＴＴ出典の調査資料によると1995年１月17日に発生した阪神淡路大震災で、被害が最も大きかった神戸地区の回線ケーブル被災率は、架空線2.4％に対し地中線は0.033％と80分の１の被害で済んだと報告されている。

このように大地震等の自然大災害による電柱の倒壊による交通の遮断、ライフラインとしての電気、通信の復旧の大幅な遅れを招くことを電線類の地中化により著しく低減することができる。

反面、被災した際の修復は、電柱・架空線のほうがよほど迅速かつ柔軟であるという。地中化した設備の場合、掘り返して破損箇所を見つけ出さなければならないなど時間と手間がかかる。災害時の応急措置という観点から無電柱化、電線類地中化は課題が残るという負の効果があることに留意する必要がある。

1－4－4　情報通信ネットワークの安全性、信頼性の向上

電線類の地中化は、総務省の定める情報通信ネットワークにおける安全・信頼性対策全般にわたり、基本的かつ総括的な指標（ガイドライン）となる「情報通信ネットワーク安全・信頼性基準」（昭和62年郵政省告示第73号）（以下「安全・信頼性基準」（注５）という）に適合する技術であるとされる。

電線類の地中化により高速・大容量の情報交換が可能となり、地域経済の活性化や公共分野におけるサービスの多様化などが促進できる。

設備が地中に埋設されるため、セキュリティの高い情報基盤の整備が実現できる。かつ電線・通信線の保安管理性が向上する。

結果として、無電柱化、電線類地中化された街並みにより、都市の魅力が

向上し、多くの人をひきつけることができる。

1−4−5　地域としての地価水準、不動産（土地）経済価値の向上

　前記の①〜④までの経済効果の結果として地域の地価水準の向上または資産価値の保全効果がある。

　この効果には、二面性がある。ひとつは、外部経済を授かる側の財（不動産）の価値が反射的に高まるという結果を生じる側面である。つまり、良好な景観の形成による外部経済の効果というべきものである。

　たとえば、新規に開発される戸建住宅地域の場合には、景観、交通の安全性レベルが高く、災害の防止効果もある等のために、居住環境が優れることになり、購入希望者の選好性は強く、より高い価値を認めることになる。土地価格が低価傾向にあるときには、元の価格水準を保持する効果も顕著に現れる。

　他方、無電柱化、電線類地中化により歴史的な景観の再現等による街並みが観光客等をひきつける魅力が増加、創造することになり、街並みを訪れる人が増え、繁華性の向上等により地域が活性化し、物品販売額の増加等の経済効果を生み、結果として地価水準が向上するケースがある。

　たとえば、伝統的建造物群保存地区が無電柱化されることにより、昔ながらの景観の街並みが実現され、観光客を多く呼びこむ結果となり、地域の活

注5）「安全・信頼性基準」の抜粋は以下のとおりである。
　　安全・信頼性基準は、通信の安定的な提供、通信の疎通の確保、通信の不正使用の防止等を目的として、情報通信ネットワークを取り巻く外的な脅威や自らが持つ内的な脆弱性に対し情報通信ネットワークの耐力の強化等を図るとともに情報通信ネットワークとしての機能の安定的な維持を図るため、情報通信ネットワーク全体からみた対策項目について網羅的に整理、検討を行い、ハードウェアおよびソフトウェアに備えるべき機能やシステムの維持と運用までを総合的に取り入れた、安全・信頼性に関する推薦基準（ガイドライン）です。
　　電気通信事業者のネットワークについて、電気通信事業法の技術基準以外のソフトウェア対策、情報セキュリティ対策、設計・施行・運用等における管理等を規定するとともに、電気通信事業法の技術基準の対象とならないネットワークについても、予備機器の設置、故障検出、異常ふくそう対策、耐震対策、停電対策、防火対策等を詳細に規定する等しており、電気通信事業法に基づく強制基準としての技術基準と、ガイドラインとしての安全・信頼性基準が両輪となって、情報通信ネットワークの安全・信頼性の確保を図っています。

性化、物品販売額増加等の経済効果を生み、結果として地価水準を向上させることができるわけである。

1－4－6　その他の効果

その他の効果として、
- 街路樹の保護・育成効果
- 防犯効果
- 道路設計の自由度の増加

などを提示される場合もあるが、これらが無電柱化、電線類地中化によって生じる効果であると論証、実証されているとは限らない。

1-5　無電柱化、電線類地中化のコスト等について

1－5－1　無電柱化、電線類地中化の概算コスト

　無電柱化、電線類地中化された街並みがなかなか増えない理由に無電柱化等のコスト高体質の改善がないことが指摘されている。
　井上（注6）によると、民間デベロッパーによる住宅開発地内道路の電線類地中化にかかるコストは、約10～20万円／㎡であり、住宅1戸あたり150万円が目安という。
　また、1999年に発表された藤田（注7）の研究レポートによると、需要密度の低いニュータウン開発では全額要請者（開発事業者）負担ということになる。新しい住宅地では、地中化に要する費用から架空線による従来型の費用を差し引いた差額を開発事業者が負担するのが一般的であり、その額は電力、電話およびCATVでおよそ一戸あたり150万～200万円ほどである。
　上記2例の単純比較は、慎むべきかもしれないが、新興住宅地で約10年間

注6）「電線のないまちづくり～電線類地中化の実現方法」（NPO法人電線のない街づくり支援ネットワーク編著、学芸出版社、2010年6月30日）第3章無電柱化に弾みをつけるために　井上利一

注7）藤田俶宏　「住宅地における電線類の地中化について」（家とまちなみ39　1999年3月）

でのコスト縮減はないようであり、無電柱化等のコスト高体質に改善はみられないという指摘は事実のようである。

　無電柱化等された街並みの実現へのハードルとして、コスト自体が割高という点もある。住宅１戸あたりのコストが150万円であるとして、東京、大阪、名古屋などの周辺にある都市の郊外住宅団地で想定してみる。敷地面積が150㎡、想定土地価格単価120,000円／㎡、建物の延べ床面積100㎡、想定の住宅建築費単価を180,000円／㎡として電柱のない住宅地での分譲総額が3,900万円（計算式下）

```
＜計算＞
150㎡×120,000円／㎡　＋　100㎡×180,000円／㎡　＝　36,000,000円
　（土地価格単価）　　　　（住宅建築費単価）　　　　（分譲総額）
```

となる。無電化等の住宅１戸あたりのコストを住宅購入者が負担するとすれば、住宅購入費総額は、3,750万円となり、約４％の増額となり、購入者にとっては大きな負担増となる。

1－5－2　コスト縮減の推進

　新たに開発される住宅地であっても、かなりのコスト高であり、無電柱化等による街並みづくりが遅々として進展しない原因のひとつとなっている。こういった現状を認識し、国土交通省も「無電柱化に係るガイドライン」を公表し、無電柱化等のコスト縮減を図りつつ、地域の実情に応じた効率的な整備を推進することが必要であるため、地域の実情に応じてコスト縮減が可能な下記の手法も活用しながら無電柱化を実施するものとしている。

　①　同時施工
　②　地中化方式以外の手法の活用
　③　浅層埋設方式
　④　既存ストックの有効活用

① 同時施工

　歩道整備等の道路事業等が電線共同溝と同時期に計画されている場合には、工期等を調整し、同時に施工できるように計画の早い段階から調整を行

い円滑な事業実施を図れるよう努めるべきとしている。

　また、将来無電柱化の必要性が見込まれる箇所において、道路の新設または拡幅（土地区画整理事業等による場合を含む）と一体的に行う電線共同溝の整備を実施するものとし、電線を収容するための管路等の増設が発生しない構造とするよう努めるものとするとしている。

② 地中化方式以外の手法の活用

　建築物の軒高がそろっているとか敷地裏手に電柱を移設する余裕がある、路地等があるなどの条件の整う箇所では、軒下・裏配線等の手法を地域の実情に応じて活用するものとするとしている。

　この件につき、すでに電柱がある市街地で、これを無電柱化するにあたっての概算工事費が提示された記事（注8）がある。現地条件により異なるがとの断りがあるが、ＣＣＢＯＸ（電線共同溝）の場合、現行方式で1キロメートルにつき約6.8億円（道路管理者負担4.5億円。電線管理者負担2.3億円）であるとする。それに対し裏配線方式は約3,000万円、軒下配線は約1億円で済むとしている。

③ 浅層埋設方式

　従来よりもコンパクトで簡便な浅層埋設方式を標準化し活用するものとする。掘削埋め戻し土量の削減等によりおおむね2割のコスト縮減が可能としている。

　上記例示の記事には、浅層埋設方式で約5.6億円（道路管理者負担3.3億円、電線管理者負担2.3億円）とあり、従来方式の約6.8億円と比較して約18％のコスト縮減となっている。

④ 既存ストックの有効活用

　既設の地中管路について、管路所有者と協議の上、可能であれば、電線共同溝等の一部として活用するものとするとしている。

注8）2009年4月13日付『電経新聞』に掲載

1-6　電柱のない街並みづくりに関わる法律等

　電柱のない街並みづくりに関わる主な法律等は、道路法、電線共同溝の整備等に関する特別措置法、景観法、高齢者・障害者等の移動等の円滑化の促進に関する法律、地域における歴史的風致の維持及び向上に関する法律、その他地方公共団体独自の条例がある。この項では、これら法律等の概要と電柱のない街並みづくり、および電柱のない街並みの効果との関連を述べていく。

1-6-1　道路法

　電柱、電線類（電力線、通信線）と道路との関係を規律する一般法は、道路法（昭和27年6月10日法律第180号）である。
　まず、道路法の目的を確認してみる。

　第1条　この法律は、道路網の整備を図るため、道路に関して、路線の指定及び認定、管理、構造、保全、費用の負担区分等に関する事項を定め、もつて交通の発達に寄与し、公共の福祉を増進することを目的とする。

　電線類と道路との関係は、主として管理に関する事項に定められる。ここで、道路法上での道路の定義を同法第2条にみてみると、

　第2条　この法律において「道路」とは、一般交通の用に供する道で次条各号に掲げるものをいい、トンネル、橋、渡船施設、道路用エレベーター等道路と一体となつてその効用を全うする施設又は工作物及び道路の附属物で当該道路に附属して設けられているものを含むものとする。
　②　この法律において「道路の附属物」とは、道路の構造の保全、安全かつ円滑な道路の交通の確保その他道路の管理上必要な施設又は工作物で、次に掲げるものをいう。
　　1　道路上のさく又は駒止
　　2　道路上の並木又は街灯で第18条第1項に規定する道路管理者の設けるもの

3　道路標識、道路元標又は里程標
4　道路情報管理施設（道路上の道路情報提供装置、車両監視装置、気象観測装置、緊急連絡施設その他これらに類するものをいう。）
5　道路に接する道路の維持又は修繕に用いる機械、器具又は材料の常置場
6　自動車駐車場又は自転車駐車場で道路上に、又は道路に接して第18条第1項に規定する道路管理者が設けるもの
7　共同溝の整備等に関する特別措置法（昭和38年法律第81号）第3条第1項の規定による共同溝整備道路又は電線共同溝の整備等に関する特別措置法（平成7年法律第39号）第4条第2項に規定する電線共同溝整備道路に第18条第1項に規定する道路管理者の設ける共同溝又は電線共同溝

となっており、道路法上、共同溝（注9）と電線共同溝は道路の附属物であるが、電柱、電線類は道路の附属物ではない。附属物（道路の一部）ではないということは、道路（公共用の土地）内や上に設けるためには、根拠となる法律の規定がなければならない。電気事業法（昭和39年7月11日法律第170号）第65条に道路の使用根拠がある。

＊電気事業法
第65条　電気事業者又は卸供給事業者は、道路、橋、溝、河川、堤防その他公共の用に供せられる土地に電気事業又は卸供給を行う事業の用に供する電線路を設置する必要があるときは、その効用を妨げない限度において、その管理者の許可を受けて、これを使用することができる。
②　前項の場合においては、電気事業者又は卸供給事業者は、管理者の定めるところにより、使用料を納めなければならない（以下の項は省略）。

注9）共同溝とは、共同溝の整備等に関する特別措置法（昭和38年4月1日法律第81号）の規定により建設される電線類、都市ガス管、上下水道管等を設営する2以上の公益事業者の公益物件を収容するため道路管理者が道路の地下に設ける施設をいう。法律の目的は、特定の道路（主として一般国道である）について、路面の掘さくを伴う地下の占用の制限と相まって共同溝の整備を行うことにより、道路の構造の保全と円滑な道路交通の確保を図ることであり、ほぼ同一の目的で制定された電線共同溝の整備等に関する特別措置法の施行により、共同溝の整備等に関する特別措置法はその使命を終えた状態にある。

道路法にも道路に電柱、電線を設け、継続して使用するには、道路管理者の許可が必要であることを規定する。

第32条　道路に次の各号のいずれかに掲げる工作物、物件又は施設を設け、継続して道路を使用しようとする場合においては、道路管理者の許可を受けなければならない。
1　電柱、電線、変圧塔、郵便差出箱、公衆電話所、広告塔その他これらに類する工作物　（以下の項目は略）

さらに同法施行令に電柱の占用の場所に関する基準がある。

＊道路法施行令
第11条　法第32条第2項第3号 に掲げる事項についての電柱又は公衆電話所に関する法第33条第1項 の政令で定める基準は、次のとおりとする。
1　道路の敷地外に当該場所に代わる適当な場所がなく、公益上やむを得ないと認められる場所であること。
2　電柱（鉄道の電柱を除く）を地上に設ける場合においては次のいずれにも適合する場所であり、鉄道の電柱又は公衆電話所を地上に設ける場合においてはイに適合する場所であること。
　イ　電柱又は公衆電話所の道路の区域内の地面に接する部分は、次のいずれかに該当する位置にあること。
　　（1）法面（法面のない道路にあつては、路端に近接する部分）
　　（2）歩道内の車道に近接する部分
　ロ　同一の線路に係る電柱を道路（道路の交差し、接続し、又は屈曲する部分を除く。以下この号において同じ）に設ける場合においては、道路の同じ側であること。
　ハ　電柱を歩道を有しない道路に設ける場合において、その反対側に占用物件があるときは、当該占用物件との水平距離が8メートル以上であること。

電線の占用については、同法施行令第11条の2において、定められており、

電線が地中化されているときのものにも規定が及んでいる。

　第11条の2　法第32条第2項第3号に掲げる事項についての電線に関する法第33条第1項の政令で定める基準は、次のとおりとする。
　1　電線を地上に設ける場合においては、次のいずれにも適合する場所であること。
　　イ　電線の最下部と路面との距離が5メートル（既設の電線に附属して設ける場合その他技術上やむを得ず、かつ、道路の構造又は交通に支障を及ぼすおそれの少ない場合にあつては4.5メートル、歩道上にあつては2.5メートル）以上であること。
　　ロ　電線を既設の電線に附属して設ける場合においては、保安上の支障がなく、かつ、技術上やむを得ないとき又は公益上やむを得ない事情があると認められるときを除き、当該既設の電線に、これと錯そうするおそれがなく、かつ、保安上の支障のない程度に接近していること。
　2　電線を地下（トンネルの上又は高架の道路の路面下の道路がない区域の地下を除く。次条第1項第2号及び第11条の4第1項において同じ）に設ける場合においては、次のいずれにも適合する場所であること。
　　イ　道路を横断して設ける場合及び車道（歩道を有しない道路にあつては、路面の幅員の3分の2に相当する路面の中央部。以下この号及び第11条の6第1項第2号において同じ）以外の部分に当該場所に代わる適当な場所がなく、かつ、公益上やむを得ない事情があると認められるときに電線の本線を車道の部分に設ける場合を除き、車道以外の部分であること。
　　ロ　電線の頂部と路面との距離が、保安上又は道路に関する工事の実施上の支障のない場合を除き、車道にあつては0.8メートル、歩道（歩道を有しない道路にあつては、路面の幅員の3分の2に相当する路面の中央部以外の部分。次条第1項第2号イ並びに第11条の6第1項第2号及び第3号において同じ）にあつては0.6メートルを超えていること。
　3　電線を橋又は高架の道路に取り付ける場合においては、桁の両側又は床版の下であること。

　上記同法施行令第11条の2の第2項のロにより、浅層地中化方式が可能と

なり、従来の方式と比べ2割程度のコスト縮減が可能となったとされる。

1-6-2　電線共同溝の整備等に関する特別措置法

　電線類を地中化して電柱のない街並みをつくるための法律は、電線共同溝の整備等に関する特別措置法（平成7年3月23日法律第39号）である。この法律は道路法を一般法とする特別法の性格を有し、制定目的は、

　　第1条　この法律は、電線共同溝の建設及び管理に関する特別の措置等を定め、特定の道路について、電線共同溝の整備等を行うことにより、当該道路の構造の保全を図りつつ、安全かつ円滑な交通の確保と景観の整備を図ることを目的とする。

であり、ほぼ同一の目的で制定されていた共同溝の整備等に関する特別措置法（昭和38年4月1日法律第81号）に「景観の整備を図ること」が加えられているのが特徴的である。
　電線共同溝を整備すべき道路は、道路管理者（道路法第18条第1項に規定する）が区間を定めて指定することができるとされている。

　　第3条　道路管理者は、道路の構造及び交通の状況、沿道の土地利用の状況等を勘案して、その安全かつ円滑な交通の確保と景観の整備を図るため、電線をその地下に埋設し、その地上における電線及びこれを支持する電柱の撤去又は設置の制限をすることが特に必要であると認められる道路又は道路の部分について、区間を定めて、電線共同溝を整備すべき道路として指定することができる。
　　②　道路管理者は、前項の規定による指定をしようとするときは、あらかじめ、都道府県公安委員会、市町村（当該指定に係る道路の道路管理者が市町村である場合の当該市町村及び次項の規定による要請をした市町村を除く）、当該道路の沿道がその供給区域又は供給地点に該当する電気事業法（昭和39年法律第170号）第2条第1項第2号に規定する一般電気事業者又は同項第6号に規定する特定電気事業者及び当該道路の沿道がその業務区域に該当する電気通信事業法（昭和59年法律第86号）第120条第1項に規定する認定電気通信

事業者（政令で定める者を除く）の意見を聴かなければならない（以下略）。

撤去される予定の電線には電力線、電気通信線がすでにあるので、電気事業者（電力会社等）と電気通信事業者（電話会社等）の意見を整備区間の指定にあたり事前に意見を聞くことになっている。

電線共同溝が地下に作られ、電柱、電線が撤去されたとしても、存在し電力等が供給されていた電力線や電気通信線を復活しなければならない。道路法第2条第2項の規定により電線共同溝は道路の附属物であり、道路管理者の管理下に置かれる。しかし、道路の附属物となる電線共同溝とは電線の管路であり、管路内の電線は、電気事業者の管理下であるので、管路内に通す（管路内を占用する）ためには、道路法第32条第1項により道路管理者の許可を受ける必要がある。

> 第4条　前条第1項の規定による指定があったときは、電線共同溝の建設完了後における当該電線共同溝の占用を希望する者は、国土交通省令で定めるところにより、道路管理者に当該電線共同溝の建設完了後の占用の許可を申請することができる。

また、道路管理者に電線共同溝の占用の許可を受ける予定の者（占用予定者）は、電線共同溝の建設工事費の一部を負担することが定められている。

> 第7条　電線共同溝の占用予定者は、電線共同溝の建設に要する費用のうち、電線共同溝の建設によって支出を免れることとなる推定の投資額等を勘案して政令で定めるところにより算出した額の費用を負担しなければならない。

電力事業者等にしてみれば、電線共同溝の整備が指定されなければ、電柱、電線が存在し電力等の供給はなされていたのであり、新たな資本の投下は不要である。しかし整備の指定がなされると、上記第7条の規定により、電線共同溝の建設に要する費用の一部（「建設負担金等」という）を負担しなければならない。しかも一般国道等における電線共同溝の建設工事費を、国および都道府県または指定市がそれぞれ2分の1ずつ負担するとされる費用分

からこの建設負担金等は除外されている。電力事業者等が電線類地中化事業に消極的な理由でもある。

> 第22条 (省略)一般国道に附属する電線共同溝の建設に (略) 要する費用(第7条第1項 (略) の規定により電線共同溝の占用予定者若しくは増設に係る電線共同溝の占用予定者又は電線共同溝を占用する者が負担すべき費用(以下この条において<u>「建設負担金等」という)を除く。</u>＊下線は筆者記入)は、政令で定めるところにより、国及び都道府県又は (略) 指定市(以下「指定市」という)がそれぞれ2分の1を負担 (略) とする。

1-6-3 景観法

電線共同溝の整備等に関する特別措置法の制定目的に「景観の整備」があるとおり、無電柱化、電線類地中化と景観法(平成16年6月18日法律第110号)の関連性は大きい。景観法の制定目的は、

> 第1条 この法律は、我が国の都市、農山漁村等における良好な景観の形成を促進するため、景観計画の策定その他の施策を総合的に講ずることにより、美しく風格のある国土の形成、潤いのある豊かな生活環境の創造及び個性的で活力ある地域社会の実現を図り、もって国民生活の向上並びに国民経済及び地域社会の健全な発展に寄与することを目的とする。

であり、自然的景観の形成等に限定することなく、都市の良好な景観の形成も法律の視野に入っている。

景観法は基本法的性格を有するため、法に基本理念が表明されている。

> 第2条 良好な景観は、美しく風格のある国土の形成と潤いのある豊かな生活環境の創造に不可欠なものであることにかんがみ、国民共通の資産として、現在及び将来の国民がその恵沢を享受できるよう、その整備及び保全が図られなければならない。
> ② 良好な景観は、地域の自然、歴史、文化等と人々の生活、経済活動等との調和により形成されるものであることにかんがみ、適正な制限の下にこれら

が調和した土地利用がなされること等を通じて、その整備及び保全が図られなければならない。
③　良好な景観は、地域の固有の特性と密接に関連するものであることにかんがみ、地域住民の意向を踏まえ、それぞれの地域の個性及び特色の伸長に資するよう、その多様な形成が図られなければならない。
④　良好な景観は、観光その他の地域間の交流の促進に大きな役割を担うものであることにかんがみ、地域の活性化に資するよう、地方公共団体、事業者及び住民により、その形成に向けて一体的な取組がなされなければならない。
⑤　良好な景観の形成は、現にある良好な景観を保全することのみならず、新たに良好な景観を創出することを含むものであることを旨として、行われなければならない。

　第2条第1項は、景観の形成等に関わる各法律に共通する基本理念である。同条第2項には、前記の電線共同溝の整備等に関する特別措置法、地域における歴史的風致の維持及び向上に関する法律（通称「歴史まちづくり法」）のほか、都市計画に景観地区等を加えた都市計画法、景観重要建造物である建築物に対する制限の緩和等を加えた建築基準法等の法律が関連してくる。
　同条第3項は中心市街地の活性化に関する法律（通称「中心市街地活性化法」）、第4項に観光圏の整備による観光旅客の来訪及び滞在の促進に関する法律等が関連している。
　また、同条第5項において、「新たに良好な景観を創出すること」を基本理念に含めていることで、行為規制法の枠を超えることに注目したい。
　電柱のない街並みの景観とは直接的な牽連性はないが、景観法第2条第1項に表明され「良好な景観の恵沢の享受」に関し、注目するべき判例が存在する。平成18年3月30日最高裁第一小法廷判決は、最高裁判決として初めて「景観利益」が法律的保護に値するものであると認めたものである。通称「国立マンション景観訴訟」といわれた事件に関し、

　　良好な景観に近接する地域内に居住し、その恵沢を日常的に享受している者は、良好な景観が有する客観的な価値の侵害に対して密接な利害関係を有するものというべきであり、これらの者が有する<u>良好な景観の恵沢を享受する</u>

利益（以下「景観利益」という）は、法律上保護に値するものと解するのが相当である（下線は筆者記入）。

と判示したが、景観の利益の内容の多様性、社会の変化に伴う変化の可能性にかんがみ、明確な実体性を有していない等の理由から、景観利益を超えた「景観権」という権利性は否定している。

この景観利益の内容は、景観の性質、態様等によって異なり得るものであるし、社会の変化に伴って変化する可能性のあるものでもあるところ、現時点においては、私法上の権利といい得るような明確な実体を有するものとは認められず、景観利益を超えて「景観権」という権利性を有するものを認めることはできない（下線は筆者記入）。

さらに、景観利益の保護とこれに伴う財産権等の規制に関し、下のような制限があるとしている。

ある行為が景観利益に対する違法な侵害に当たるといえるためには、少なくとも、侵害行為が刑罰法規や行政法規の規制に違反するものであったり、公序良俗違反や権利の濫用に該当するものであるなど、侵害行為の態様や程度の面において社会的に容認された行為としての相当性を欠くことが求められると解するのが相当である（下線は筆者記入）。

上記最高裁判決を受けて、広島県による福山市の鞆の浦の埋立ての差し止めを求めた、通称「鞆の浦景観保全訴訟」の行方が注目されていた。広島地方裁判所は平成21年10月1日に、「良好な景観の恵沢を享受する利益（以下「景観利益」という）は、法律上保護に値するものと解する」とし、原告に景観利益があることを認め、さらに、最高裁判決では、一定の制限を設けた景観利益の保護に関し、「景観利益を有すると認められる者は、行政訴訟法所定の法律上の利益を有する者である」として広島県による埋立ての差止請求を認容している（被告控訴断念、確定）。

いずれの判決も属人的な利益としてではあるが、良好な景観の恵沢を享受

することに利益があることを認めたことは意義深い。そして景観利益を有する者とは、「良好な景観に近接する地域内に居住」している者のことであり、居住する地域が肝要であることに、その地域内に属する土地に他の地域の土地に比べ付加価値があることが暗示されている。

　景観法に戻ろう。同法第2条の基本理念にのっとり、景観行政団体（注10）は良好な景観形成に関する計画を定めることができる。

> 第8条　景観行政団体は、都市、農山漁村その他市街地又は集落を形成している地域及びこれと一体となって景観を形成している地域における次の各号のいずれかに該当する土地（水面を含む。以下この項、第11条及び第14条第2項において同じ。）の区域について、良好な景観の形成に関する計画（以下「景観計画」という。）を定めることができる。
> 1　現にある良好な景観を保全する必要があると認められる土地の区域
> 2　地域の自然、歴史、文化等からみて、地域の特性にふさわしい良好な景観を形成する必要があると認められる土地の区域
> 3　地域間の交流の拠点となる土地の区域であって、当該交流の促進に資する良好な景観を形成する必要があると認められるもの
> 4　住宅市街地の開発その他建築物若しくはその敷地の整備に関する事業が行われ、又は行われた土地の区域であって、新たに良好な景観を創出する必要があると認められるもの
> 5　地域の土地利用の動向等からみて、不良な景観が形成されるおそれがあると認められる土地の区域

　上記第4号の新規開発の住宅地地域に景観計画を定めることができることになったため、電柱のない街並みとなる住宅団地が新たに開発、供給される

注10）景観行政団体とは、この景観法において、指定都市の区域にあっては指定都市、中核市の区域にあっては中核市、その他の区域にあっては都道府県をいう。ただし、指定都市および中核市以外の市町村であって、都道府県に代わって第2章第1節から第4節まで、第4章および第5章の規定に基づく事務を処理することにつきあらかじめその長が都道府県知事と協議し、その同意を得た市町村の区域にあっては、当該市町村をいう（景観法第7条第1項）。

ことが期待される。良好な景観の形成のために重要とされるものとして、同条第2項第5号ロに道路法による道路が「景観重要公共施設」の整備に関する事項のひとつに挙げられている。

> 同条第2項　景観計画においては、次に掲げる事項を定めるものとする。
> 　5　次に掲げる事項のうち、良好な景観の形成のために必要なもの
> 　　ロ　当該景観計画区域内の道路法による道路（略）であって、良好な景観の形成に重要なもの（以下「景観重要公共施設」という。）の整備に関する事項

そして、景観計画に定められた景観重要公共施設として定められた道路法による道路（「景観重要道路」という）に関する電線共同溝の整備等に関する特別措置法の特例があり、同特例での同法第48条による電線共同溝の整備等に関する特別措置法第3条第1項を読み替えると、以下のとおりとなる（太字斜体が読み替え部分、カッコ内は読み替え前の原文）。

> 第3条　道路管理者は、道路の構造及び交通の状況、沿道の土地利用の状況等を勘案して、*景観計画に即し、その景観の整備と安全な交通の確保を図るため*（その安全かつ円滑な交通の確保と景観の整備を図るため）、電線をその地下に埋設し、その地上における電線及びこれを支持する電柱の撤去又は設置の制限をすることが*必要である*（特に必要である）と認められる道路又は道路の部分について、区間を定めて、電線共同溝を整備すべき道路として指定することができる。

つまり、良好な景観を整備するためには、電線類の地中化が必要であることを法的にも認めているのである。

1-6-4　高齢者、障害者等の移動等の円滑化の促進に関する法律

無電柱化、電線類地中化の効果のひとつに、安全で快適な交通空間の確保がある。また電線共同溝の整備等に関する特別措置法も電線共同溝の整備等

を行うことによる安全かつ円滑な交通の確保を図ることを目的としている。

　安全かつ円滑な交通の確保を目的とする法律のひとつに、高齢者、障害者等の移動等の円滑化の促進に関する法律（平成18年6月21日法律第91号）、通称「交通バリアフリー法」があり、無電柱化、電線類地中化と関連性がある。交通バリアフリー法の目的は、

> 第1条　この法律は、高齢者、障害者等の自立した日常生活及び社会生活を確保することの重要性にかんがみ、公共交通機関の旅客施設及び車両等、道路、路外駐車場、公園施設並びに建築物の構造及び設備を改善するための措置、一定の地区における旅客施設、建築物等及びこれらの間の経路を構成する道路、駅前広場、通路その他の施設の一体的な整備を推進するための措置その他の措置を講ずることにより、高齢者、障害者等の移動上及び施設の利用上の利便性及び安全性の向上の促進を図り、もって公共の福祉の増進に資することを目的とする。

　道路の整備による高齢者、障害者等の移動上の安全性の向上の促進もこの法律の目的のひとつである。具体的な方策として、

> 第10条　道路管理者は、特定道路の新設又は改築を行うときは、当該特定道路（以下この条において「新設特定道路」という。）を、移動等円滑化のために必要な道路の構造に関する主務省令で定める基準（以下この条において「道路移動等円滑化基準」という。）に適合させなければならない。

としている。道路移動等円滑化基準（移動等円滑化のために必要な道路の構造に関する基準を定める省令（平成18年12月19日国土交通省令第116号））には、無電柱化、電線類地中化に関する積極的な規定はないが、同省令第2条に

> 第2条　この省令における用語の意義は、法第2条、道路交通法（昭和35年法律第105号）第2条（第4号及び第13号に限る。）及び道路構造令第2条に定めるもののほか、次に定めるところによる。

一　<u>有効幅員</u>　歩道、自転車歩行者道、立体横断施設（横断歩道橋、地下横断歩道その他の歩行者が道路等を横断するための<u>立体的な施設をいう。以下同じ</u>）に設ける傾斜路、通路若しくは階段、路面電車停留場の乗降場又は自動車駐車場の通路の幅員から、縁石、手すり、路上施設若しくは<u>歩行者の安全かつ円滑な通行を妨げるおそれがある工作物</u>、物件若しくは施設を設置するために必要な幅員又は除雪のために必要な幅員を除いた幅員をいう（下線は筆者記入）。

とし、バリアフリー化のための道路の有効幅員を確保するために、歩行者の安全かつ円滑な通行を妨げるおそれがある工作物（電柱など）を除くことを求めている。

1-6-5 地域における歴史的風致の維持及び向上に関する法律

　地域における歴史的風致の維持及び向上に関する法律（平成20年5月23日法律第40号）は「歴史まちづくり法」と通称される。歴史まちづくり法と電柱のない街並みとの関わりは緊密である。すなわち、法の制定目的にある歴史的風致維持向上地区計画に関する都市計画に関わる文化財保護法（昭和25年法律第214号）第144条第1項で選定された「重要伝統的建造物群保存地区」で促進されてきた無電柱化（軒下配線化、裏配線化）が関連するからである。

　第1条　この法律は、地域におけるその固有の歴史及び伝統を反映した人々の活動とその活動が行われる歴史上価値の高い建造物及びその周辺の市街地とが一体となって形成してきた良好な市街地の環境（以下「歴史的風致」という。）の維持及び向上を図るため、文部科学大臣、農林水産大臣及び国土交通大臣による歴史的風致維持向上基本方針の策定及び市町村が作成する歴史的風致維持向上計画の認定、その認定を受けた歴史的風致維持向上計画に基づく特別の措置、歴史的風致維持向上地区計画に関する都市計画の決定その他の措置を講ずることにより、個性豊かな地域社会の実現を図り、もって都市の健全な発展及び文化の向上に寄与することを目的とする。

　歴史的風致維持向上計画には、歴史的風致維持向上施設の整備または管理

に関する事項として、重点地区（注11）において、電線の地中化、電線と電柱の撤去または電線、電柱の設置を制限することを定めることができるとしている。

 第5条 市町村は、歴史的風致維持向上基本方針に基づき、当該市町村の区域における歴史的風致の維持及び向上に関する計画（以下「歴史的風致維持向上計画」という。）を作成し、主務大臣の認定を申請することができる。
 ② 歴史的風致維持向上計画には、次に掲げる事項を記載するものとする。
  1 当該市町村の区域における歴史的風致の維持及び向上に関する方針
  2 重点区域の位置及び区域
  3 次に掲げる事項のうち、当該市町村の区域における歴史的風致の維持及び向上のために必要なもの
   イ 文化財の保存又は活用に関する事項
   ロ 歴史的風致維持向上施設の整備又は管理に関する事項
  4～7 省略

 3 前項第3号ロに掲げる事項には、次に掲げる事項を記載することができる。
  1～4 省略
  5 重点区域における歴史的風致の維持及び向上を図るため、電線をその地下に埋設し、その地上における電線及びこれを支持する電柱の撤去をし、又はこれらの設置の制限をすることが必要と認められる道路法（昭和27年法律第180号）第2条第1項に規定する道路又はその部分に関する事項

重点地区では、電線地中化（電線をその地下に埋設）だけでなく、軒下配

注11） 歴史まちづくり法の「重点地区」とは、同法第2条第2項で次のイ又はロのいずれかに該当する土地の区域およびその周辺の土地の区域であることとしている。
 イ 文化財保護法（昭和25年法律第214号）第27条第1項、第78条第1項又は第109条第1項の規定により重要文化財、重要有形民俗文化財又は史跡名勝天然記念物として指定された建造物（以下「重要文化財建造物等」という）の用に供される土地
 ロ 文化財保護法第144条第1項の規定により選定された重要伝統的建造物群保存地区（以下単に「重要伝統的建造物群保存地区」という）内の土地

線、裏配線という無電柱化（地上における電線およびこれを支持する電柱の撤去をし、またはこれらの設置の制限）をすることが必要であり、これを促進している。

また、同法第30条で、上記記載の同法第5条第3項第5号に掲げる事項が記載された歴史的風致維持向上計画が同条第8項の認定を受けた場合には、同号に規定する道路またはその部分に関する電線共同溝の整備等に関する特別措置法（平成7年法律第39号）第3条第1項の規定を読み替えることとなり、以下のとおりとなる（太字斜体が読み替え部分、カッコ内は読み替え前の原文）。

第3条　道路管理者は、道路の構造及び交通の状況、沿道の土地利用の状況等を勘案して、その*安全な*（安全かつ円滑な）交通の確保と景観の整備を*図るとともに、地域における歴史的風致の維持及び向上に関する法律（平成20年法律第40号）第8条に規定する認定歴史的風致維持向上計画（以下単に「認定歴史的風致維持向上計画」という）に記載された同法第5条第3項第5号に掲げる事項の内容に即し、地域における歴史的風致*（同法第1条に規定する歴史的風致をいう）*の維持及び向上を図る*（図る）ため、電線をその地下に埋設し、その地上における電線及びこれを支持する電柱の撤去又は設置の制限をすることが*必要である*（特に必要である）と認められる道路又は道路の部分について、区間を定めて、電線共同溝を整備すべき道路として指定することができる。

つまり、地域における歴史的風致の維持および向上を図るためには、電線類の地中化が必要であることを法的にも認めているのである。

1-6-6　その他、条例等

地中化された電線類管路に関し自治体に移管することを拒む自治体が多く、新規開発住宅地域の電線類地中化の障壁となっている。このような現況であるが、自治体移管方式に積極的な地方自治体もある。

開発指導要綱に電線類地中化等の推進を掲げる東大阪市は、特筆するべき存在である。当該開発指導要綱は、

東大阪市　開発指導要綱第28条（電線類の地中化等の推進）
　　事業者が開発区域内に築造する区画道路は、できうる限り電柱や電線類を無くし、道路にゆとりと、都市景観の向上をはかるため本市の公共施設施行基準により電線類の地中化等に努めなければならない。

であり、要綱第28条の規定による公共施設施行基準は、「戸建住宅開発における電線類の地中化等に関する基準」として、地中化された電線管路の道路区域の部分は道路管理者（通常、東大阪市）へ帰属（つまり、東大阪市に移管）することが明記されている。

東大阪市公共施設施行基準第6章「戸建住宅開発における電線類の地中化等に関する基準」
　1．目的
　　この規定は、戸建住宅の開発区域内に電線類の地中化等を計画する場合において地中管路及び地中管路内に収納される電線類の施工区分、所有権の帰属、及び維持管理について、開発事業者が関係部局と十分協議した後、市と協定を締結することにより電線類の地中化が適性かつ円滑に図れることを目的とする。
　2．適用対象
　　開発区域の面積が5,000㎡以上の戸建住宅の開発事業とする。
　3．開発事業者の責務
　　地中管路設置に掛かる費用は、開発区域内外に関わらず開発事業者の負担とし施工に関しては信頼性のある設備となるよう努めるものとする。
　4．帰属
　　地中管路の道路区域の部分は、道路管理者へ帰属することとする。
　5．設備等の埋設深さ
　　埋設深さについては、関係部局と十分協議して決定されるものであるが、基本は幹線0.8m以上、引込管0.6m以上とする。
　6．地中管路
　　管路の種類は、電気設備用、通信設備用、道路設備用（CATV用、予備管用含む）とし、各使用予定者の意見を聞き管種、管径、曲率半径等を決定する。

7．構造物
　桝の種類は、電気設備用、通信設備用、道路設備用（CATV、予備管用含む）とし、車道部はT-25に対応したものを使用し、桝蓋には電気・電話・TV等の種類のマークを標示するものとする。
8．竣工検査
　地中管路が完成した時は、道路管理者に竣工図面を提出し検査を受け、検査完了後速やかに道路管理者へ帰属の手続きを行うものとする。

Column #1

FOOL JAPAN

　日本のまちなか、道路のあちこちに犬の用達、張り紙用の電柱が鎮座している。上空空間は、電線や通信線がたくさん張られている。クモの巣のようにと表現する人もいるほど、張り巡らされている。こんな風景を欧州の方は見苦しいという。

　私達にとって、どっかり居座る電柱やクモの巣張り電線は、すでに原風景化している。気にもならない。視野に入っても視覚で確認すらしていない。

　無電柱化された街並みに気付くこともない。スッキリと景観が良くなったことに価値を見出すこともない。そんな日本人をみて、誇り高きイギリス人は、信じられないという。

　NHK-BSにCOOL JAPANという外国人からみて、かっこいい日本を紹介している番組があるけど、日本人のこの原風景は選ばれないね、確実に！

　ロンドンの電線類地中化率は100％だそうだ。"だそうだ"というのは、100％を1次資料で確認したわけではないし、ロンドン市の担当者や英国の電線類地中化の専門家に直接ヒアリングしたわけではないからだ。2次資料からのデータだからだ。専門家を標榜する者、表現は謙虚でありたい。

　ところで、どんな分野にも「専門家」はいるんだなぁ〜と、テレビのワイドショーをみていると思う。先日パンストのデンセンの専門家がコメントしていたのには、驚かされた。なんとまあマニアックな……。

　イングランドではロンドンばかりではない。シティーでたんまり稼ぐ金

融マンが憧れる郊外のコッツウォルズにも電柱も電線もなかった"ような気がする"。もちろんライムストーンでできた家には電気が引かれているのだから、電線類は地中化されている"のだろう"。

　法律の改正や何らかの災害をきっかけに、この憧憬の街に電柱が立ち、電線が張られ始めたら、元シティー・マンはすぐ気付いて、大騒ぎさ。COOLな彼らはさっさと出て行く。街の人気はなくなるので、不動産価格も大暴落間違いなし。

　そこに日本人が居合わせたら、この有電柱化に気付くだろうか。もし、気付かなかったらいわれるさ、"FOOL JAPAN"

第2章 不動産鑑定評価基準(理論)上での扱い

不動産鑑定評価上で不動産の価格の形成に関わる要因としての電柱のない（無電柱化または電線類地中化された）街並みの経済価値（価格）の評価を現行の不動産鑑定評価基準（以下「現行不動産鑑定評価基準」という）ではどのように取り扱っているかを確認してみる。現行不動産鑑定評価基準は平成14年7月3日に全部改正されたもの（その後平成19年4月2日および平成21年8月28日に各一部改正）である。

2-1　電柱のない街並みと価格形成要因との関連

現行不動産鑑定評価基準には不動産の価格形成要因として「電柱のない街並み」、「電柱のない街路」、「無電柱化」または「電線類地中化」と直截的に記載されてはいない。同様の意味を含んでいるであろう要因を総論第3章「不動産の価格を形成する要因」の中で探してみる。

2-1-1　無電柱化された街並みと一般的要因との関連は薄い

現行不動産鑑定評価基準では不動産の価格の形成に関わる要因は、一般的要因、地域要因、個別的要因の3つに区分している。

一般的要因とは、一般経済社会における不動産のあり方およびその価格の水準に影響を与える要因であり、自然的要因、社会的要因、経済的要因、行政的要因に大別される。特定の電柱のない（無電柱化された）街並みの経済的価値の位置付けを行うというよりも、一定の時期に国内で無電柱化された街並みとされていない街並み（電柱がある街並み）とを一般的に比較して、経済的価値はどちらが優位にあるかということ、または将来的に社会的、経済的、行政的にどのように扱われていくかを確認するための要因とみることになる。また無電柱化された街並みの異なる時点での社会的、経済的、行政的な位置付けの比較をすることは有意である。

ここで現行不動産鑑定評価基準に例示される主な一般的要因を記載すると、
　Ⅰ　自然的要因
　　1．地質、地盤等の状態
　　2．土壌及び土層の状態

3．地勢の状態
  4．地理的位置関係
  5．気象の状態
Ⅱ　社会的要因
  1．人口の状態
  2．家族構成及び世帯分離の状態
  3．都市形成及び公共施設の整備の状態
  4．教育及び社会福祉の状態
  5．不動産の取引及び使用収益の慣行
  6．建築様式等の状態
  7．情報化の進展の状態
  8．生活様式等の状態
Ⅲ　経済的要因
  1．貯蓄、消費、投資及び国際収支の状態
  2．財政及び金融の状態
  3．物価、賃金、雇用及び企業活動の水準
  4．税負担の状態
  5．企業会計制度の状態
  6．技術革新及び産業構造の状態
  7．交通体系の状態
  8．国際化の状態
Ⅳ　行政的要因
  1．土地利用に関する計画並びに規制の状態
  2．土地及び建築物の構造、防災等に関する規制の状態
  3．宅地及び住宅に関する施策の状態
  4．不動産に関する税制の状態
  5．不動産の取引に関する規制の状態

　現行不動産鑑定評価基準に記載される上記一般的要因の中で、電柱のない（無電柱化された）街並みに関連するであろうとみられるものは、
　Ⅱの社会的要因の中の

3．都市形成及び公共施設の整備の状態、
　　5．不動産の取引及び使用収益の慣行、
　　6．建築様式等の状態、
であろう。
　Ⅳ　行政的要因の
　　1．土地利用に関する計画並びに規制の状態、
　　2．土地及び建築物の構造、防災等に関する規制の状態、
　　3．宅地及び住宅に関する施策の状態、
も考えられる。

　しかしながら、これらの一般的要因は、現行不動産鑑定評価基準に初めて載せられたものでなく、平成2年に一部改正された不動産鑑定評価基準（以下「平成2年不動産鑑定評価基準」という）にも記載されている。さらに電柱のない（無電柱化あるいは電線類地中化された）街並みが本邦でようやく注目され始めた昭和40年代中頃（注1）の昭和44年に改正、公表された不動産鑑定評価基準（以下「昭和44年不動産鑑定評価基準」という）にもある。

　不動産鑑定評価基準の改正、公表は、通常数年前から当時の社会情勢、経済状況等にかんがみ、これらを不動産の価値判断に活かすべく議論される。平成44年不動産鑑定評価基準の公表については電柱のない（無電柱化あるいは電線類地中化された）街並みが注目される以前の社会経済状況等を反映したものであり、現行不動産鑑定評価基準記載の無電柱化に関連するであろうと前記に抜き出した一般的要因は、電柱のない（無電柱化あるいは電線類地中化された）街並みを特に意識したものではなかったと推測できる。

2-1-2　電柱のない街並みは地域要因に認識されている

　現行不動産鑑定評価基準に無電柱化あるいは電線類地中化された街並みが認識されているか、現行不動産鑑定評価基準の「総論第3章不動産の価格を形成する要因第2節地域要因」に確認してみる。

注1）昭和41年頃から東京の丸の内美観論争が始まり、また昭和46年に古都保存法（歴史的風土保存地区）の施行、昭和50年には伝統的建造物群保存地区制度発足などにより、日本古来の街並み（電柱がないなど）への保存、回帰運動が始まっている。

不動産鑑定評価基準上で地域要因とは、一般的要因の相互結合によって規模、構成の内容、機能等にわたる各地域の特性を形成し、その地域に属する不動産の価格の形成に全般的な影響を与える要因である。無電柱化された街並みというある特定の街並みの価格形成要因ということは、地域要因が最も重要ということである。

　現行不動産鑑定評価基準の、Ⅰ　宅地地域１．住宅地域の地域要因の主なものの例示、および１．住宅地域の地域要因のほか、商業地域特有の主な地域要因として例示されるものは、

１．住宅地域
　⑴　日照、温度、湿度、風向等の気象の状態
　⑵　街路の幅員、構造等の状態
　⑶　都心との距離及び交通施設の状態
　⑷　商店街の配置の状態
　⑸　上下水道、ガス等の供給・処理施設の状態
　⑹　情報通信基盤の整備の状態
　⑺　公共施設、公益的施設等の配置の状態
　⑻　汚水処理場等の嫌悪施設等の有無
　⑼　洪水、地すべり等の災害の発生の危険性
　⑽　騒音、大気の汚染、土壌汚染等の公害の発生の程度
　⑾　各画地の面積、配置及び利用の状態
　⑿　住宅、生垣、街路修景等の街並みの状態
　⒀　眺望、景観等の自然的環境の良否
　⒁　土地利用に関する計画及び規制の状態
２．商業地域
　⑴　商業施設又は業務施設の種類、規模、集積度等の状態
　⑵　商業背後地及び顧客の質と量
　⑶　顧客及び従業員の交通手段の状態
　⑷　商品の搬入及び搬出の利便性
　⑸　街路の回遊性、アーケード等の状態
　⑹　営業の種別及び競争の状態

(7) 当該地域の経営者の創意と資力
(8) 繁華性の程度及び盛衰の動向
(9) 駐車施設の整備の状態
(10) 行政上の助成及び規制の程度

　現行不動産鑑定評価基準の住宅地域および商業地域の主な地域要因として例示されるものに無電柱化または電線類地中化と直截的に記載されるものは一般的要因と同じくない。同様の意義を含んでいるであろうとみられる地域要因は、
　1．住宅地域の
　　(2) 街路の幅員、構造等の状態、
　　(6) 情報通信基盤の整備の状態
　　(11) 各画地の面積、配置及び利用の状態、
　　(12) 住宅、生垣、街路修景等の街並みの状態、
　　(13) 眺望、景観等の自然的環境の良否、
　　(14) 土地利用に関する計画及び規制の状態、
であろう。
　2．商業地域ならば、
　　(5) 街路の回遊性、アーケード等の状態、
　　(7) 当該地域の経営者の創意と資力、
　　(10) 行政上の助成及び規制の程度、
であろう。
　前記の一般的要因と同じように、無電柱化あるいは電線類地中化された街並みが注目されてきた時系列的な時代背景から、上記の地域要因と無電柱化等の関係を検討してみる。
　1．住宅地域の(2) 街路の幅員、構造等の状態については昭和44年不動産鑑定評価基準に記載されており、その基準の解説書に無電柱化あるいは電線類地中化された街並みの街路に注目した記載はもちろんない。平成2年不動産鑑定評価基準または現行不動産鑑定評価基準に至って、無電柱化、電線類地中化された街並みの価格形成要因として昭和44年不動産鑑定評価基準とあえて同一の文言ながらも認識しているのだとは判断できないであろう。

⑾　各画地の面積、配置及び利用の状態も⑵　街路の幅員、構造等の状態と同様であると考える。

⑹　情報通信基盤の整備の状態ついては、電柱のない街並みの地域要因として関連付けられる。無電柱化、電線類地中化の効果のひとつに「情報通信ネットワークの安全性、信頼性の向上」が挙げられる。電線類の地中化により高速・大容量の情報交換が可能となり、地域経済の活性化や公共分野におけるサービスの多様化などが促進できる。設備が地中に埋設されることによりセキュリティの高い情報基盤の整備が実現できる。かつ電線・通信線の保安管理性が向上する。つまり電線類が地中化された街並みは情報通信基盤の整備の状態により住宅地の付加価値は向上するのである。

⑿　住宅、生垣、街路修景等の街並みの状態については、すでに無電柱化、電線類地中化された街並みが国内のあちこちで形成されてきた平成に入って2年目に改正された平成2年不動産鑑定評価基準に初めて登場する地域要因のひとつである。特に東京地裁で争われた国立マンション事件判決で景観利益が認められた時期であり、無電柱化、電線類地中化された街並みの景観の良さに注目されてきた時期に当たる。「街路修景等の街並み」とは無電柱化、電線類地中化された街並みを強く意識した地域要因と言える。

⒀　眺望、景観等の自然的環境の良否については、無電柱化、電線類地中化により街並みを構成する住宅からの眺望、景観は良くなる。しかし良くなる眺望、景観は「自然的環境」に限ったものではなく、人工的なものも含まれるのであるから、この⒀の地域要因は電線のない街並みを特に意識した要因ではなく、無電柱化された街並みが意識されていなかった頃に改正が検討された昭和44年不動産鑑定評価基準から記載されている要因であるので、眺望、景観等の良否は自然的環境に限定した判断基準と考えるのが正当である。

⒁　土地利用に関する計画及び規制の状態は、昭和44年不動産鑑定評価基準の地域要因の「土地の利用に関する公法上の規制の程度」という文言を同様の意味合いでありながらもあえて平成2年不動産鑑定評価基準で「土地利用に関する計画及び規制の状態」に変えたものである。平成2年および現行不動産鑑定評価基準の解説書である「要説不動産鑑定評価基準」には同義的でありながらもあえて文言を変更した意義についての記述はないが、「土地利用の計画の状態」に無電柱化、電線類地中化に関わる計画も意識したので

はないかと解釈できないことはないと考察する。

　２．商業地域(5)街路の回遊性、アーケード等の状態は、平成２年不動産鑑定評価基準から取り上げられた商業地域の地域要因のひとつである。平成14年10月に既設のアーケード撤廃し、無電柱化（電線類地中化）した大分県臼杵市の商店街でも街づくりの例を意識して平成14年にも掲載されていると解釈するのは難しいであろう。

　(7)当該地域の経営者の創意と資力は、平成２年不動産鑑定評価基準の改正で追加された要因であるが、これは無電柱化等事業に関わることというより大型スーパーマーケットが郊外に開業したことにより衰退傾向が甚だしい商店街の再興事業を意識した要因であると考えられる。

　(10)行政上の助成及び規制の程度も前述(7)に深く関係する要因であるが、平成14年不動産鑑定評価基準に初めて加えられた地域要因であることから考えると、平成12年の景観法施行、まちづくり交付金の同年創設という政策的背景を意識したものであると考えられることから、広い意味で無電柱化、電線類地中化された街並みの地域要因として認識できるであろう。

2-1-3　土地の個別的要因を街並みの価格形成要因とはとらえられない

　不動産鑑定評価基準で個別的要因とは、不動産に個別性を生じさせ、その価格を個別的に形成する要因をいう。土地でいうならば１画地（１敷地）、または１団地単位の価格形成要因をいうものであり、一定の広がりを持つ地域を構成するひとつずつの各要素の価格を形成する要因のことであり、無電柱化、電線類地中化された街なみの経済価値（価格）を評価するときに考慮すべき価格形成要因ととらえることはできない。

2-2　無電柱化の効果と価格形成要因

　無電柱化、電線類地中化された街並みの経済価値を評価するときに考慮すべき不動産鑑定評価基準（理論）上の価格形成要因との関係を整理してみる。前項に述べたように無電柱化の主たる効果として、次の５つが挙げられる。
① 　安全で快適な交通空間の確保

② 都市景観の向上
③ 都市災害の防止
④ 情報通信ネットワークの安全性、信頼性の向上
⑤ 地域としての地価水準、不動産（土地）経済価値の向上

　5番目の地域としての地価水準、不動産の経済的価値の向上は、上記①～④の結果としての効果であり、いわば無電柱化、電線類地中化の総合的経済効果というものである。

　ここで、前項で考察した無電柱化、電線類地中化された街並みに関連するとみられる不動産鑑定評価基準に掲げる価格形成要因と無電柱化の効果との関連を確認する。

① 安全で快適な交通空間の確保

　歩道上の電柱は道幅を狭め、歩行者だけでなくベビーカーや車椅子の通行の妨げになることがある。無電柱化することにより歩道の幅員を確保するとともに歩行空間のバリアフリー化が図れるという効果であり、不動産鑑定評価基準の住宅地域の地域要因のうちの「土地利用に関する計画及び規制の状態」と関連付けられる。すなわち「高齢者、障害者等の移動等の円滑化の促進に関する法律（通称「バリアフリー法」）」（平成18年法律第91号）等に掲げる規制、街路の無電柱化の促進方針に関連付けられる。

　商業地域に記載される「行政上の助成及び規制の程度」も同様の意味合いがあると考察する。

② 都市景観の向上

　街路から電柱がなくなり、目の前に広がる空間から障害物が消え、爽快となる。上空空間からはクモの巣のように張り巡らされた電線、通信線がなくなるため圧迫感等が消えることにより景観の向上などにより、快適な都市空間を形成し、地域の活性化を支援することができるという効果のことであり、現行不動産鑑定評価基準の住宅地域の地域要因の中の「住宅、生垣、街路修景等の街並みの状態」が関連付けられる。

③ 都市災害の防止

　大地震等の自然大災害による電柱の倒壊による交通の遮断、ライフラインとしての電気、通信の復旧の大幅な遅れを招くことを電線類の地中化により低減、防止することができるという効果である。前述のとおり不動産鑑定評

価基準の不動産の価格形成要因の中に、無電柱化、電線類地中化による当該都市災害の防止の効果に関連する積極的な記載はない。消極的な意味合いからみると住宅地域の地域要因の中の(9) 洪水、地すべり等の災害の発生の危険性に関連性が読み取れないことはない。

つまり「洪水、地すべり等の災害」に大地震も入ると解釈、その発生の危険性は地価形成要因である。大地震が発生したとき電柱は倒壊する可能性があり、無電柱化、電線類地中化していれば電柱の倒壊による交通の遮断はないわけである。無電柱化、電線類地中化された街並みの価格形成要因のひとつとして大地震という災害の危険性が反対解釈として挙げられるというわけだ。

④　情報通信ネットワークの安全性、信頼性の向上

電線類の地中化により高速・大容量の情報交換が可能となり、地域経済の活性化や公共分野におけるサービスの多様化などが促進できる。設備が地中に埋設されるため、セキュリティの高い情報基盤の整備が実現できる。かつ電線・通信線の保安管理性が向上するという効果が期待できる。「情報通信基盤の整備の状態」については、電柱のない街並みの地域要因として関連付けられる。

⑤　地域としての地価水準、不動産（土地）の経済的価値の向上

上記の①～④までの経済効果の結果として地域の地価水準の向上または資産価値の保全効果があると考えられる。

伝統的建造物群保存地区が無電柱化されることにより、昔ながらの景観の街並みが実現され、観光客を多く呼びこむ結果となり、地域の活性化、物品販売額増加等の経済効果を生み、結果として地価水準を向上させることができる。

また、新規に開発される戸建住宅地域の場合には、景観、交通の安全性レベルが高く、災害の防止効果もある等のために、居住環境が優れることになり、購入希望者の選好性は強く、より高い価値を認めることになる。

2-3　不動産鑑定評価基準（理論）の電柱のない街並みの評価手法

　前記のとおり無電柱化、電線類地中化の効果は、不動産鑑定評価基準上で価格形成要因に間接的に関連付けられるのであるから、評価手法にも活かされることになる。不動産鑑定評価基準上の価格の評価手法は、取引事例比較法（その試算価格を「比準価格」という）、収益還元法（試算価格を「収益価格」という）、原価法（同じく「積算価格」という）に大別され、このほかこれら3手法の考え方を活用した開発法（通常「開発価格」または「開発法適用価格」等という）がある。

　不動産鑑定評価は、本来個別の不動産（たとえば、1敷地、1区画、1戸の住宅とその敷地など1単位）の価格（単価ではなく総額）を求める作業であり、街並み全体とか1地域の価格（単価）水準の算出ではない。しかし、求める価格が街並みや地域の標準的な画地、平均的な不動産1単位のものである、つまり個別的要因が街並み、地域の標準的で個性がないものと仮定すれば、これも不動産鑑定評価に含まれるので、上記の3手法等の適用に問題はない。

2-3-1　電柱のない街並みへの取引事例比較法の適用

　取引事例比較法は、まず多数の取引事例を収集して適切な事例の選択を行い、これらに係る取引価格に必要に応じて事情補正および時点修正を行い、かつ、地域要因の比較および個別的要因の比較を行って求められた価格を比較考量し、これによって対象不動産の試算価格を求める手法である。

　この手法の適用にあたり、その有効性を担保するためにいくつかの条件がある。

　①　第一義的に、評価対象となる不動産の存する近隣地域（注2）もしく

注2）近隣地域とは、対象不動産の属する用途的地域であって、より大きな規模内容を持つ地域である都市あるいは農村等の内部にあって、居住、商業活動、工業生産活動等人の生活と活動とに関して、ある特定の用途に供されることを中心として地域的にまとまりを示している地域をいい、対象不動産の価格の形成に関して直接に影響を与えるような特性を持つものである。

は同一需給圏（注３）内の類似地域（注４）等において対象不動産と類似の不動産の取引が行われている場合または同一需給圏内の代替競争不動産の取引が行われている場合に有効であるとされている。

　国内で電柱のない街並み自体がいまだ少ないことから、この条件を充足することはなかなか難しい。電柱のない街並みに存する不動産を評価対象としてこの手法を適用するにあたり、採用する取引事例を電柱のない街並みに存する不動産の取引事例に限定するとしたとき、電柱のない街並みは、大都市圏なら幹線道路沿道に限られている。都心を離れると重要伝統的建造物保存地区に指定される街並み、ごく一部の新興住宅地などである。非常に限られた範囲内であるから、当然に取引事例自体が少ないのだから、多数の取引事例を収集することが困難であり、取引事例比較法が有効に適用できる場合も少ない。

　必要やむを得ない場合には、電柱のない街並み以外の地域で、近隣地域の周辺の地域に存する不動産に係るもののうちから、対象不動産の最有効使用が標準的使用と異なる場合等には、同一需給圏内の代替競争不動産に係るもののうちから選択することを不動産鑑定評価基準では認められている。収集した取引事例について付加的に次の②～④の３つの要件が具備されていることを不動産鑑定評価基準は要求している。

　②　取引事情が正常なものと認められるものであることまたは正常なものに補正することができるものであること。

　不動産の取引は売主、買主の両当事者の相対取引の場合が多く、当事者にはそれぞれ何かしらの事情があるものであり、またその事情は通常当事者本人だけ知るところであるので、この要件につき評価実務上では厳格に適用することはない。

　③　時点修正をすることが可能なものであること。

　取引事例に係る取引の時点が価格時点と異なることにより、その間に価格水準の変動があると認められるときは、取引事例の価格を価格時点の価格に

注３）同一需給圏とは、一般に対象不動産と代替関係が成立して、その価格の形成について相互に影響を及ぼすような関係にある他の不動産の存する圏域をいう。
注４）類似地域とは、近隣地域の特性と類似する特性を有する地域をいう。

修正しなければならない。

　時点修正に当たっては、事例に係る不動産の存する用途的地域または当該地域と相似の価格変動過程を経たと認められる類似の地域における土地または建物の価格の変動率を求め、これにより取引価格を修正すべきである。

　不動産の取引価格は、取引当時の経済状況等に影響されながら、長期的には一定の傾向を示しながらも上下し、短期的にも変動することが知られている。したがって評価実務的には、収集し手法に適用する取引の時点は、価格水準の変動過程の判断がしやすい評価時点に近いものが要求される。

　④　地域要因の比較（および個別的要因）の比較が可能なものであること。

　電柱のない街並みに存する標準的画地を評価対象としたとき、取引事例比較法に採用した取引事例の取引価格は、当該事例に係る不動産の存する用途的地域の地域要因（電柱があるか否かという地域要因も含め）および当該不動産の個別的要因を反映しているものである。

　取引事例に係る不動産が同一需給圏内の類似地域等に存するものまたは同一需給圏内の代替競争不動産である場合においては、近隣地域と当該事例に係る不動産の存する地域との地域要因の比較および対象不動産と当該事例に係る不動産との個別的要因の比較を行う。

　取引事例に係る不動産が近隣地域に存するものである場合においては、対象不動産と当該事例に係る不動産との個別的要因の比較（この場合、取引事例に係る個別的要因と評価対象となる標準的画地との比較）をそれぞれ行うものとする。

2-3-1-1　電柱のない街並みとしての地域要因の位置づけ

　取引事例比較法を適用する場合の地域要因の比較に関して、不動産鑑定評価実務的には、国土交通省土地・水資源局地価調査課監修の「土地価格比準表（6次改訂）」に記載されるように地域要因を街路条件、交通・接近条件、環境条件、行政的条件、その他の条件（注5）に細分して、それぞれの条件毎に比較、格差付け土地の評価を行っている。

注5）街路条件、交通接近条件、環境条件または行政的条件に分類できないもの、たとえば、地域の将来の動向等がその他の条件に入る。

<図2-3-1> 取引事例比較法適用の一例

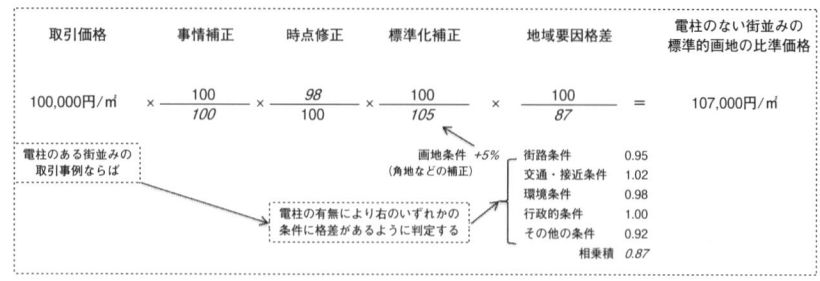

取引価格	事情補正	時点修正	標準化補正	地域要因格差		電柱のない街並みの標準的画地の比準価格
100,000円/㎡	× $\frac{100}{100}$	× $\frac{98}{100}$	× $\frac{100}{105}$	× $\frac{100}{87}$	=	107,000円/㎡

電柱のある街並みの取引事例ならば

画地条件 +5%（角地などの補正）

電柱の有無により右のいずれかの条件に格差があるように判定する

街路条件	0.95
交通・接近条件	1.02
環境条件	0.98
行政的条件	1.00
その他の条件	0.92
相乗積	0.87

＊一般的には下記の分母・分子で斜線が判定数値

　ここで、やや不動産鑑定評価に関わる専門家だけのこだわり的な要素を多分に感じるが、無電柱化の効果と関連付けた現行不動産鑑定評価基準記載の価格形成要因が地域要因を細分化したそれぞれどの条件に該当するかを「土地価格比準表（6次改訂）」で考察してみる。

　街路条件に当てはまる地域要因は、無電柱化、電線類地中化の効果のひとつである「安全で快適な交通空間の確保」に関わってくる。しかし、現行不動産鑑定評価基準にはこの効果に関連付けられる地域要因の記載は前述したとおりない。「土地価格比準表（6次改訂）」の標準住宅地の街路条件、街路の幅員・構造等の状態の項目の細項目の系統および連続性に当てはまる可能性がある。この細項目の備考欄には「幹線道路との系統及び連続性について」云々と付則されていることを考えると、幹線道路から曲がりくねったりせず（して）スムーズに行き来できるか否かを判定する項目であり、街路が安全で快適な交通空間が確保されているレベルを判定する項目ではない。

　住宅地域に限らず商業地域に無電柱化、電線類地中化の効果によってバリアフリーの街路が実現できれば通行安全性、快適性が確保できる。通行の安全性等が確保できれば、住宅地域では需要者の選好性は高まり、商業地域では集客性、繁華性が高まり収益性が向上する。土地の経済価値の上昇に寄与する要因となるのであるから、無電柱化等の有無を街路条件に繰り込むことが今後の不動産鑑定評価実務に必須である。

　無電柱化、電線類地中化が住宅地域の交通・接近条件に影響を与える要因とはならない。最寄駅への接近性は変わらない。最寄駅から都心への接近性に変化はない。最寄商店街、義務教育施設等のアクセスが良くなるとはい

えない。現行不動産鑑定評価基準にも電柱のない街並みの地域要因として交通・接近条件に関連する項目はない。

　無電柱化、電線類地中化の効果に都市景観の向上がある。街路から電柱がなくなり、目の前に広がる空間から障害物が消え、爽快となる。上空空間からはクモの巣のように張り巡らされた電線、通信線がなくなるため圧迫感等が消えることにより景観の向上などにより、快適な都市空間を形成することができるという効果のことであり、現行不動産鑑定評価基準の住宅地域の地域要因の中の「住宅、生垣、街路修景等の街並みの状態」が関連付けられる。現行不動産鑑定評価基準に記載はないが、商業地域においても爽快な上空空間の創出により集客性が向上、地域の活性化を支援することができる。いずれの地域でも環境条件に分類される効果である。

　土地価格比準表（6次改訂）での分類では、優良、標準、混在などどの住宅地域についても環境条件に入れるべきである。項目に類似する表現である「眺望・景観等の自然的環境の良否」があるが、これは前述の2-1-2　**電柱のない街並みは地域要因に認識されている**に論じたとおり「自然的環境」に関わる地域要因であり、無電柱化、電線類地中化された街並みを意識したものではない。「住宅、生垣、街路修景等の街並みの状態」は項目に挙がっていない。不動産鑑定評価実務上、街路修景等の項目を環境条件のひとつとして積極的に採用すべきである。

　商業地域について土地価格比準表（6次改訂）に、無電柱化、電線類地中化による都市景観の良化に関わる条件、項目はない。都市景観の良化は地域活性化等に寄与し、経済価値上昇の要因足りえると考えられるので、住宅地域と同様に環境条件として採用することが望ましい。

　無電柱化、電線類地中化の効果に都市災害の防止がある。大地震等の自然大災害による電柱の倒壊による交通の遮断、ライフラインとしての電気、通信の復旧の大幅な遅れを招くことを電線類の地中化により低減、防止することができるという効果である。

　土地価格比準表（6次改訂）に分類されたどの条件、項目にも直截的なものはない。逆説的な解釈で住宅地域の環境条件の「洪水、地すべり等の災害の発生の危険性」に関連性があるが、自然災害発生に関わるリスクにつき、反対方向のベクトルを同一項目で評価するには無理がある。「無電柱化等に

よる都市災害の防止」等の項目を新たに加えることが望まれる。

　情報通信ネットワークの安全性、信頼性の向上という無電柱化、電線類地中化の効果がある。現行不動産鑑定評価基準の住宅地域の地域要因に「情報通信基盤の整備の状態」に電柱のない街並みの地域要因として関連付けられる。光ケーブル、ケーブルテレビ、無線ローカルネットワーク設備など情報通信基盤の整備の有無、状態は住宅地域の経済価値に影響を与えるのは明白である。平成6年4月8日に改訂された土地価格比準表（6次改訂）に関連項目が全く記載されていないのは残念である。無電柱化、電線類地中化としての価格形成要因に限らず、情報通信基盤の整備の状態をすべての地域の地域要因として不動産鑑定評価実務上も含め早目の対応が必須である。

　無電柱化、電線類地中化の効果に、地域としての地価水準、不動産資産価値の向上がある。安全で快適な交通空間の確保、都市景観の向上、都市災害の防止、情報通信ネットワークの安全性、信頼性の向上の4つの効果の総合的な結果とされる。4つの効果に関連付けられる地域要因格差の条件付けが、各々街路条件に位置付けるべきもの、環境条件であるものとしたが、総合的な効果としてみると街路、交通・接近、環境、行政的のそれぞれの条件に当てはめることはできない。将来の動向等と同じようにやや具現化しにくい項目であり、「その他の条件」に入れることになる。

　不動産鑑定評価実務上で無電柱化、電線類地中化の状態を「その他の条件」で判断するとなれば、安全で快適な交通空間の確保、都市景観の向上、都市災害の防止、情報通信ネットワークの安全性、信頼性の向上の4つに関連付けられる条件、項目でその状態等を各々判定することは避けなければならない。

2-3-2　電柱のない街並みへの原価法の適用

　原価法は、価格時点における対象不動産の再調達原価（注6）を求め、こ

注6）再調達原価とは、対象不動産を価格時点において再調達することを想定した場合において必要とされる適正な原価の総額をいう。なお、建設資材、工法等の変遷により、対象不動産の再調達原価を求めることが困難な場合には、対象不動産と同等の有用性を持つものに置き換えて求めた原価（置換原価）を再調達原価とみなすことができるとされている。

の再調達原価について減価修正（注7）を行って対象不動産の試算価格を求める手法である。電線のない街並みの経済的価値を評価するとき、街並み全体の土地の再調達原価を求め、減価修正を施すことで原価法としての試算価格、積算価格を求めることになる。

2-3-2-1　電線類地中化された街並みの再調達原価

　電線のない街並みのうち電線類地中化された新興の住宅地域を例に考えてみよう。新興住宅地域の土地の再調達原価は、その素材となる土地、通常都市内や都市近郊に存する林地や農地等の標準的な取得原価（市街化の進行に即応した熟成度の加算をすることを認める）に当該土地の標準的な造成費と発注者が直接負担すべき通常の付帯費用とを加算して求めることとなる。

　この再調達を求める方法には直接法と間接法があるが、信頼度は前者が高い。直接法は、対象不動産について使用資材の種別、品等および数量ならびに所要労働の種別、時間等を調査し、対象不動産の存する地域の価格時点における単価を基礎とした直接工事費を積算し、これに間接工事費および請負者の適正な利益を含む一般管理費等を加えて標準的な建設費を求め、さらに発注者が直接負担すべき通常の付帯費用を加算して再調達原価を求めるものとする。

　電線類地中化された新興の住宅地域をケーススタディとして、簡潔に整理すると、素地価格に間接工事費および適正利潤を含む一般管理費を含めた造成工事費を加算して再調達原価を求めることになる。

　ここで、若干留意するべきは、電線のある街並みを造成する造成工事費に電線類を地中化するための工事費を加算することである。この加算額は、電線共同溝の整備等に関する特別措置法第7条に留意しなければならない。

注7）減価の要因は、物理的要因、機能的要因および経済的要因に分けられる。物理的要因とは、不動産を使用することによる摩滅および破損、時の経過または自然的作用によって生ずる老朽化ならびに偶発的な損傷等のことである。機能的要因としては、建物と敷地との不適応、設計の不良、型式の旧式化、設備の不足およびその能率の低下等があげられる。経済的要因としては近隣地域の衰退、不動産とその付近の環境との不適合、不動産と代替、競争等の関係にある不動産または付近の不動産との比較における市場性の減退等があげられる。

<電線共同溝の整備等に関する特別措置法　第7条>
　電線共同溝の占用予定者は、電線共同溝の建設に要する費用のうち、電線共同溝の建設によって支出を免れることとなる推定の投資額等を勘案して政令で定めるところにより算出した額の費用を負担しなければならない。

　すなわち、電線共同溝の占有予定者（通常、電力会社等）が電柱を設置し、架線する費用分は負担するのが原則であるので、電線類地中化にかかる費用から電柱設置等費用を控除した額を加算することになる。なお、当該加算額（電線類地中化等費用）につき補助金が助成されるときがあるが、こういった補助金額は考慮外とするべきであり、電線類を地中化し電柱のない街並みを創造するにあたり資本投下された金額がいくらであるかがポイントである。

2-3-2-2　減価修正は必要か

　積算価格を求めるにあたり、次に減価修正を施す必要がある。現行不動産鑑定評価基準によると、減価修正の目的は、物理的要因、機能的要因および経済的要因に基づき発生した減価額を対象不動産の再調達原価から控除して価格時点における対象不動産の適正な積算価格を求めることとされている。
　電線類地中化工事は、地中の工作物であり基本的には減価償却しないものであるので、減価修正の方法としての耐用年数に基づく方法は採用できない。電線類地中化された街並みが造成開発直後であればなおさらである。しかしながら、電線類地中化工事に投下された資金がすべて分譲される有効宅地に電柱のある街並みに比して付加価値として同額分が増加要因となるという保証はない。設計、設備等の機能性、維持管理の状態、補修の状況、付近の環境との適合の状態等各減価の要因の実態を調査することにより、減価額を直接求める観察減価法を適用することになる。
　たとえば、電柱のある街並みの新規に分譲される有効宅地の標準的な1区画の市場価格（A）が3,000万円だとしよう。ここで電線類地中化工事（B）への投下資本が1区画あたり150万円であったとして、電柱のない街並みの新規に分譲される有効宅地の標準的な1画地（位置、面積、間口、奥行など同一条件であると想定）の市場価格（A'）が3,150万円以下となる可能性が

ある。

  A' ≦ A ＋ B
   A ＝ 電柱のある街並みの標準的画地の市場価格 ＝ 3,000万円
   B ＝ １画地あたりの電線類地中化工事費 ＝ 150万円
   A' ＝ 電柱のない街並みの標準的画地の市場価格
∴ A'－（A ＋ B）≦ 0 …減価が生じている

　上記例示によれば、電線類地中化された街並みの分譲地には減価が生じていることになる。新規開発分譲を想定しているので、時の経過または自然的作用によって生ずる老朽化ならびに偶発的な損傷による物理的要因による減価ではない。
　建物と敷地との不適応、設計の不良、型式の旧式化、設備の不足およびその能率の低下等の機能的要因でもない。結局、近隣地域の衰退、不動産とその付近の環境との不適合、不動産と代替、競争等の関係にある不動産または付近の不動産との比較における市場性の減退等の経済的要因による減価であると考えられる。電線類地中化工事による150万円の資本投下がなされたが、それに見合う分の価値を市場が認めなかったという結果の現れである。
　逆に、電線類地中化工事費150万円以上の増額、電線類地中化された街並みの新規に分譲される有効宅地の標準的な１画地の市場価格（A'）がたとえば、3,250万円と市場で評価されることもありうる。

  A' ≧ A ＋ B
   A ＝ 電柱のある街並みの標準的画地の市場価格 ＝ 3,000万円
   B ＝ １画地あたりの電線類地中化工事費 ＝ 150万円
   A' ＝ 電柱のない街並みの標準的画地の市場価格
∴ A'－（A ＋ B）≧ …増加が生じている

資本投下額以上に付加価値が生じる可能性もありうる。

  市場価格（A'）＝ 積算価格 ＋ 増価

すなわち、近隣地域の発展、不動産と代替、競争等の関係にある不動産または付近の不動産との比較における市場性の増進等の経済的要因による増価が現れることもある。

2-3-3　電柱のない街並みへの収益還元法の適用

収益還元法は、対象不動産が将来生み出すであろうと期待される純収益の現在価値の総和を求めることにより対象不動産の試算価格を求める手法である。賃貸用不動産または賃貸以外の事業の用に供する不動産の価格を求める場合に特に有効であるとされる。

電柱のない街並みの中でも、賃貸共同住宅が建ち並ぶ既成市街地内の住宅地域、または観光客の集客目的で無電柱化した重要伝統的建造物群保存地区あるいは衰退した商店街等の再興、まちづくりの一環として無電柱化した街並みなどの評価に適用の可能性がある手法である。

2-3-3-1　収益価格を求める方法

収益価格を求める方法には、一期間の純収益を還元利回りによって還元する「直接還元法」と連続する複数の期間に発生する純収益および復帰価格を、その発生時期に応じて現在価値に割り引き、それぞれを合計する「Discounted Cash Flow法（ＤＣＦ法）」がある。

収益還元法が有効であろうと考えられる重要伝統的建造物群保存地区はそもそも売買取引が希少な地区であるし、無電柱化、電線類地中化が積極的に行われている東京都心部の幹線道路沿道の範囲は狭く取引件数も絶対的に少ない。また取引事例についてもその価格形成要因の分析にあたり、不動産鑑定業界も無電柱化、電線類地中化を意識してきたとはいえない。

電柱のない街並みに存する不動産の復帰価格を予測するだけのデータの蓄積もなく、手段もないと考えられる。したがって的確な復帰価格を求めることが困難なので、現時点での不動産鑑定評価実務ではDiscounted Cash Flow法（ＤＣＦ法）は直接法に劣ると判断する。

2-3-3-2　直接還元法の適用方法

(1) 純収益の求め方

純収益とは、不動産に帰属する適正な収益をいい、収益目的のために用いられている不動産とこれに関与する資本（不動産に化体されているものを除く）、労働および経営（組織）の諸要素の結合によって生ずる総収益から、資本（不動産に化体されているものを除く）、労働および経営（組織）の総収益に対する貢献度に応じた分配分を控除した残余の部分をいうと不動産鑑定評価基準に定義されている。

　電柱のない街並みの収益価格（電柱のない街並みに存する標準的な画地の収益価格）を求めるためには、当該標準的な画地の実質賃料（実質地代）から必要諸経費等（公租公課額等）を控除して求める純賃料（純地代）を採用するのが本来的である。しかし、電柱のない街並みで収集し、手法適用に採用できる売買取引が希少であることと同様に、あるいはそれ以上に少ないであろう土地（標準的な画地など）の賃貸借事例は、きわめて少ない。

　代替的な方法として、電柱のない街並みとなった商店街、または観光客を集める重要伝統的建造物群保存地区全体の売上高を総収益とし、これから売上原価、販売費および一般管理費等を控除し、さらに当該地区全体で建物、工作物等に帰属すると考えられる純収益を控除することで、電柱のない街並み全体の純収益を求める方法がある。

　なお、既成市街地では、当該電線類地中化された街並みに存する道路においては、電線類地中化工事費等は国、地方自治体からの補助金で支出されるときには、電線類地中化工事費用に帰属する純収益は控除対象にならないことに留意するべきである。

　電柱のない街並み全体（あるいはその街並みに存する標準的画地）が更地であるものとして、当該土地に最有効使用の賃貸用建物等の建築を想定するし当該複合不動産（土地と想定賃貸用建物）が生み出すであろう総収益を適切に求め、この総収益から賃貸用不動産の減価償却費（償却前の純収益を求める場合には、非計上）、維持管理費（維持費、管理費、修繕費等）、公租公課（固定資産税、都市計画税）、損害保険料等の諸経費等を控除し、さらに、想定建物に帰属するであろう純収益を控除することによって土地の純収益を求めることができる。

(2) 直接還元法に採用する還元利回り

　電柱のない街並みの収益価格を求めるための直接還元法に採用する還元利

回りも、比較可能な他の資産の収益性や金融市場における運用利回りと密接な関連があるので、その動向に留意しなければならないと考える。

さらに、当該還元利回りは、地方別、用途的地域別、品等別等によって異なる傾向を持つため、対象不動産に係る地域要因および個別的要因の分析を踏まえつつ適切に求めることが必要である。

当該還元利回りを求める際の留意点を現行不動産鑑定評価基準の例示を引用すると、

① 類似の不動産の取引事例との比較から還元利回り求める方法
この方法は、対象不動産と類似の不動産の取引事例から求められる利回りをもとに、取引時点および取引事情ならびに地域要因および個別的要因の違いに応じた補正を行うことにより求めるものである。

② 借入金と自己資金に係る還元利回りから求める方法
対象不動産の取得の際の資金調達上の構成要素（借入金および自己資金）に係る各還元利回りを各々の構成割合により加重平均して求めるものである。

等が挙げられている。

不動産鑑定評価の実務的運用を考察すると、電柱の有無でその街並みの価格水準に若干でも影響があると認められるが、取引の流動性、換金性等に相違はないとみられる。したがって、地方別、用途地域別、品等別などが同様のときには、同一の還元利回りを採用することに問題はないとみられる。

2-3-3-3　無電柱化、電線類地中化の効果の計測への活用

無電柱化されているか否かで既成市街地内の標準または混在住宅地域、あるいは商業地域に存する中層の共同住宅、中層賃貸オフィスビルの低層階の家賃水準に差異が賃貸事例として明確に把握できる可能性がある。後述第4章に紹介される賃貸マンション所有者が費用負担し前面道路の電柱が撤去され、目障りな電線がなくなり眺望が良くなった賃貸用共同住宅の物件も出てきており、近日中に家賃水準の差異が把握できる賃貸事例が収集できるであろう。

また、商店街や観光地（街並み）で無電柱化する前後で売上が商工会議所等の統計で把握できれば、その売上から売上原価等を控除し還元利回りで還

＜港区元麻布＞
　前面道路の電柱の有無で家賃水準の差が明確になれば、これを土地残余法で想定する賃貸条件に反映すれば、土地の収益価格に電柱の有無による街並みの地価水準の差として査定できる。この差が無電柱化、電線類地中化の効果として地価水準で測定できることになる。
　オフィス街でも電線類地中化によって道路に面する2階、3階のフロアーのオフィス環境は改善する。または電柱の撤去により、ビルのファザードの良化によって賃料水準の上昇として反映されるであろう。土地残余法を応用し、改善の前後の賃料水準の差を把握することで、電線類地中化の効果を地価の差として測定できる。

＜三休橋筋、安土町付近から北方を撮影＞上と右は、ともに大阪市中央区、幹線道路である御堂筋と堺筋の間に船場地区を南北に縦貫する三休橋筋で同日に撮影した写真である。三休橋筋は電線類地中化事業中であり、両写真の対比は興味深い。

第 2 章 不動産鑑定評価基準（理論）上での扱い

＜三休橋筋、瓦町付近から北方を撮影＞

元する方法で求めた収益価格の差により、無電柱化、電線類地中化の効果を含めたまちづくりの効果を地価水準で測定することが可能となる。

2-3-4 電柱のない街並みへの開発法の適用

開発法は、評価対象となる更地の面積が近隣地域の標準的な土地の面積に比べて大きい場合（「広大地」という）等において、一体利用をすることが合理的と認められるとき、または区画分割することが合理的と認められるときに分けて手法を区分する。前者のときは、当該広大地に最有効使用の建物（通常は分譲マンション）が建築されることを想定し、販売総額から通常の建物建築費相当額および発注者が直接負担すべき通常の付帯費用を控除して試算価格を求める。後者の場合は、当該広大地を区画割りして、標準的な宅地とすることを想定し、販売総額から通常の造成費相当額および発注者が直接負担すべき通常の付帯費用を控除して求めることとなる。

当該広大地が電柱のない街並みに存するとき、一体利用が合理的と認められる前者のケースで想定される分譲マンションの設計等にもよるが、電柱のない街路に面する低層階の分譲価格が電柱のある街路に面する場合に比べ眺望の開放感等が優れることにより高く想定する必要があることに留意するべきである。

また、区画分割が合理的と認められる後者のときには、区画街路の道路整備工事費に電線類地中化工事費相当額（電線共同溝の整備等に関する特別措置法第7条および地方自治体等からの補助金等に留意）を加算すること、ならびに電柱がある街路に接面する分譲宅地との価格差に留意するべきである。

2-4 不動産鑑定評価実務の現状

前述したように無電柱化、電線類地中化の効果として、
① 安全で快適な交通空間の確保
② 都市景観の向上
③ 都市災害の防止
④ 情報通信ネットワークの安全性、信頼性の向上

が挙げられている。これらの効果についての実証的研究成果がある。たとえば、①安全で快適な交通空間の確保に関連して仮想評価法（CVM）を用いた電線類地中化等による歩道のバリアフリー化での整備価値関する研究（注8）、②都市景観の向上については、電線類地中化も含めた道路整備事業の効果としての道路空間での景観の質的な評価（Quality of View：QoV）手法に関する研究（注9）、③都市災害の防止関連では、阪神・淡路大震災時の電柱倒壊の被害事例を調査した電線類地中化による事前予防対策の効果に関する研究（注10）などがある。

　①～④の効果の総合的な結果としての、⑤地域としての地価水準、不動産（土地）経済価値の向上を評価するべき不動産鑑定評価理論においては、現行不動産鑑定評価基準に価格形成要因として無電柱化、電線類地中化を直截的に表示した記載はない。①～④の効果を類推、婉曲的に示す価格形成要因としても、①に関連して「行政上の助成および規制の程度」、②では「住宅、生垣、街路修景等の街並みの状態」、④で「情報通信基盤の整備の状態」程度にすぎない。

　また、不動産鑑定評価理論の実践専門家である不動産鑑定士が日常継続的に収集する不動産の取引事例についても、電線のない街並みに関わる価格形成要因の分析、検討がなされていないのが実状である。まして収集した賃貸事例、還元利回り、割引率を算出するために集めた収益不動産の事例についても同様である。

　さらに前項までで論じたように、電柱のない街並みの価格水準を判定、評価するための不動産鑑定評価の手法は現状では不備な点が多い。

　全国の不動産鑑定士が個々に行った不動産鑑定評価の内容は不詳であるが、一不動産鑑定業者の代表者である筆者が、評価を行い発行してきた不動産鑑定評価、価格等調査報告書に、無電柱化、電線類地中化の効果を意識し

注8）清水「歩行空間の利用者評価と整備価値に関する研究」2003年
注9）第34回土木計画学研究発表会発表（2006年12月2日）
　　　遠藤・高瀬・森岡・土井・杉山「道路景観における景観評価手法に関する課題と検討」
注10）若林・山本・蓮沼・岩崎「地震被害想定結果の活用による事前予防対策事業の有効性評価事例」

て対象不動産を評価した例は、最近までなかった。
　毎年多くの不動産鑑定士が担当し、不動産鑑定評価基準に準拠（注11）して評価する地価公示（注12）、都道府県地価調査（注13）の評価を行っている。数多くの地価公示標準地、都道府県地価調査基準地の内容を詳細に調査、分析、検討を行っていないが、電線のない街並みに存在する当該評価地点の評価価格に無電柱化、電線類地中化による効果が表されていないようである。これも不動産鑑定評価実務の現状であろう。

注11）地価公示法第4条に、「不動産鑑定士は、地価公示法第2条第1項の規定により標準地の鑑定評価を行うにあたっては、（略）近傍類地の取引価格から算定される推定の価格（いわゆる「比準価格」）、近傍類地の地代等から算定される推定の価格（同「収益価格」）及び同等の効用を有する土地の造成に要する推定の費用の額（同「積算価格」）を勘案してこれを行わなければならない」とされている。

注12）地価公示法（1969年法律49号）に基づき、土地鑑定委員会が、毎年1回（価格時点は毎年1月1日）都市計画区域内で標準的な土地（標準地）を選定し、2人以上（実状は2人）の不動産鑑定士の不動産鑑定評価を求め、その正常な価格を判定して公示している。
　地価公示は、1970年に三大都市圏で実施され、1975年からは47都道府県において実施されており、原則として都市計画区域を有するすべての市区町村を対象としている。
　地価公示価格は、一般の土地取引の指標となるとともに、不動産鑑定士が土地の鑑定評価を行う場合および公共事業の施行者が土地の取得価格を定める場合にはこれを規準としなければならず、また、収用委員会が収用する土地の価格を算定する場合にはこれを規準とした価格を考慮しなければならないとされている。

注13）都道府県地価調査は、地価公示の補完のため、国土利用計画法施行令第9条の規定に基づき1975年から実施されている。
　各都道府県知事が毎年1回（価格時点は毎年7月1日）都市計画区域外を含む各都道府県全域を対象とし、標準的な土地（基準地）を選定し、1人以上（実状は1人）の不動産鑑定士の不動産鑑定評価を求め、その正常な価格を判定して公表している。

Column #2

スズメが減った

　ジビエ料理、狩猟によって捕獲された野生の鳥獣を食材としたフランス料理のことだ。

　信州に行けば美味しくてガツンと力ある濃厚なジビエ料理あるよね。
　都会でも出すレストランがあるけど、やっぱり信州だよね。
　　今年、食べに行こうか。

　秋が深まる11月頃になると、妻とこんな会話がかわされる。シカとかイノシシの獣類もいいけど、野鳥類も捨てがたい。

　何年か前にライチョウを食べたけど、あれ天然記念物じゃないの？　食べてよかったのかなぁ。
　フランス産らしいよ。あっちでは捕って食べてもいいんだってさ。

　日本にだって野鳥料理はある。鴨に、雉に、それに雀。老舗の焼き鳥屋のお品書きに「スズメあります」というのもあったけど、最近みかけない。
　スズメといえば、最近激減しているそうだ。1990年代に比べて2割とか3割とか減っている。60年代と比べると10分の1になっていると新聞記事で読んだ。なぜ減ったのかとの理由は書いていなかったような……。
　まさか、無電柱化のせい？
　電柱がなくなれば、電線も当然なくなる。電線がなければスズメの止まる場所がない。落語の「抜け雀」だと、貧乏ながらも名人絵師が宿賃代わりに屏風に描いた朝陽を浴びてさえずり飛びまわる雀、このままじゃ死ん

でしまうぞと止まり木を加筆した絵師の親父は現実にはいない。都市空間に電線だけを描くこともできない。だから、スズメが激減した？
　それとも、ニューギニアの火力発電所から100万ボルトの送電線にのって日本にやってきたデンセンマンが1970年代に活躍したからなのか。
　ベンジャミン伊東が歌っている
　　♬電線にスズメが3羽とまってた♪
　　　♪それを猟師が鉄砲で撃ってさ　煮てさ　焼いてさ　喰ってさ♬
　焼いて喰う焼き鳥屋にもスズメは既にいないのだから、捕獲しすぎたわけではなさそうだ。
　するとやはり原因は、街並みの無電柱化なのか。無電柱化の効果にひとつ加えなければならないな。

　スズメが減る

第3章

電柱のない街並みの評価に関わるその他の手法

電柱のない街並みの評価に関わる手法（制度）は、2つに大別できる。ひとつは、電線のない街並み（または街並みに存する宅地）の価格を評価するものである。前章で論じた不動産鑑定評価基準（理論）が代表的なものである。そのほかに相続税評価法および固定資産税（土地）評価法がある。
　一方、電線のない街並みにするための無電柱化、電線類地中化の実施が街並みの形成によって、当該街並みを構成する宅地の経済価値に及ぼす外部経済効果を測定する手法である。ヘドニック法、仮想市場評価法（CVM）、コンジョイント分析など（注1）がある。

3-1　相続税評価法上の評価

　相続税（土地）評価法は、相続税路線価を設定し、原則として路線価が付設された路線（街路）に沿接する土地の画地条件に応じた画地の個性率を乗じ、さらに地積を乗じて土地の評価額を定める方法である。
　相続税路線価は、相続税法等の規定に基づき毎年1月1日時点の価格を全国の国税局長が例年7月上旬に公表する。その目的は相続税、贈与税等の課税にある。
　地価公示標準地、都道府県地価調査基準地価格が標準的な土地価格を公示するのに対して、相続税路線価はその路線（道路）に価格を付け公表する。いわば一路線（街並み）単位の標準的な価格水準を表しているといえる。
　公的土地評価の一元化（注2）により相続税路線価は、地価公示価格のおおむね80％程度とされている。
　相続税法上課税対象となる評価額は時価とされており、相続税法で規定す

注1）他に、旅行費用法（トラベルコスト法）、代替法、産業連関分析などがある。
注2）公的土地評価の一元化とは、地価公示価格、都道府県地価調査価格、土地（宅地）の相続税評価、固定資産税（土地）評価という4つの公的土地評価に対する信頼を確保するとともに、適正な地価形成、課税の適正化に資する観点から、その均衡化・適正化が推進されたものである。土地（宅地）の相続税評価額は、平成4年から地価公示価格水準の80％程度、同様に固定資産税（土地）評価額は平成5年の「地方税法等の一部を改正する法律」の施行により地価公示価格水準の70％程度の水準で評価されている。

る時価とは、「不特定多数の当事者間で自由な取引が行われる場合に通常成立すると認められる価額をいう」(財産評価基本通達1(2))と定義されている。不動産鑑定評価で求める正常価格(注3)、地価公示、都道府県地価調査で求める正常な価格(注4)と同一概念下にある価格である。

3-1-1 相続税上の宅地の評価方式

　市街地的形態を形成する地域にある宅地の相続税上評価は、その宅地の面する路線に付された路線価を基とし、後記の奥行価格補正、側方路線影響加算、容積率の異なる2以上の地域にわたる宅地の評価等の補修正率(画地個性率)を乗じて算出金額によって評価する方式をいう。

3-1-1-1 路線価の設定方法

　路線価は、宅地の価額がおおむね同一と認められる一連の宅地が面している路線(不特定多数の者の通行の用に供されている道路をいう。以下同じ)ごとに設定される。

　路線価は、路線に接する奥行価格補正率等を適用する必要がない(あるいは補正率が1.00である)標準的な宅地について、売買実例価額、地価公示価格、国税局長に委嘱された不動産鑑定士による不動産鑑定評価額、精通者(注5)意見価格等を基として国税局長がその路線ごとに評定した1㎡あたりの価額である。

注3) 不動産鑑定評価基準の「正常価格」とは、市場性を有する不動産について、現実の社会経済情勢の下で合理的と考えられる条件を満たす市場で形成されるであろう市場価値を表示する適正な価格をいう。

注4) 地価公示等における「正常な価格」とは、土地について、自由な取引が行われるとした場合におけるその取引において通常成立すると認められる価格である(地価公示法第2条第2項)。

注5) 精通者は主として不動産鑑定士である。地価公示価格(価格時点1月1日)と同一の方法で評価される都道府県地価調査価格(価格時点7月1日)は、路線価評定の基とされていないが、精通者意見価格を表示する地点となっており、路線価の価格時点(1月1日)までの時点修正率の意見を記載することで、路線価評定に役立てている。

3-1-1-2　画地個性率に無電柱化、電線類地中化の効果は表象されない

　評価となる宅地の評価のために路線価に乗じる画地個性率（補修正率）の概要は下記のとおりである。

① 奥行価格補正率

　　宅地の奥行距離に応じて補正する率をいう。

② 側方路線影響加算

　　正面と側方に路線がある宅地（以下「角地」という）の価額は、正面の路線価に、側方の路線価に一定の側方路線影響加算率を乗じた価額を加算して評価する。

③ 2方路影響加算

　　正面と裏面に路線がある宅地の価額は、正面の路線価に、背面の路線価に一定の2方路路線影響加算率を乗じた価額を加算して評価する。

④ 3方または4方に路線がある宅地の評価

　　3方または4方に路線がある宅地の価額は、②の側方路線影響加算および③2方路影響加算の方法を併用して計算し評価する。

⑤ 不整形地の評価

　　宅地の不整形の程度、位置および地積の大小に応じ定めた補正率を乗じて評価する。

⑥ 無道路地の評価

　　無道路地の価額は、実際に利用している路線の路線価に基づき、⑤不整形地の評価の定めによって計算した価額からその価額の100分の40の範囲内において相当と認める金額を控除した価額によって評価する。

⑦ 間口狭小補正率

　　間口が狭小な宅地にその奥行・間口の比率に応じて乗じる補正率である。

⑧ 奥行長大補正率

　　奥行きが長大な宅地にその奥行・間口の比率に応じて乗じる補正率である。

⑨ がけ地補正率

　　がけ地等で通常の用途に供することができないと認められる部分を有する宅地に、その宅地のうちに存するがけ地等ががけ地等でないとした

場合のその宅地の総地積に対するがけ地部分等通常の用途に供することができないと認められる部分の地積の割合に応じて乗じる補正率である。
⑩　容積率の異なる2以上の地域にわたる宅地の評価

容積率（建築基準法第52条に規定する建築物の延べ面積の敷地面積に対する割合をいう）の異なる2以上の地域にわたる宅地の価額は、容積率が価額に及ぼす影響度を勘案して評価する。

財産評価基本通達に規定される補正率表、基本算定式は省略したが、画地個性率（補修正率）の概要は上記のとおりであり、当該画地個性率のいずれにも無電柱化、電線類地中化の効果は表象されないことが判明した。

3-1-2　路線価にみる無電柱化、電線類地中化の効果

公表されている路線価図で電柱のない街並みと電柱のある街並みの路線価を比較して、無電柱化、電線類地中化の地価に与える効果が表象されているか否かを＜図3-1＞で確認してみる。

＜図3-1＞の左下の太線の左側（西側）が電線類地中化された電柱のない街並みであり、右側（東側）が電柱のある街並みである。左右両側とも戸建住宅地であり、都市計画法上の用途地域はともに第1種低層住居専用地域である。指定建ぺい率、容積率は同一、最寄駅までの距離、区画街路の幅員など住宅地域の主たる価格形成要因もほぼ同一の地域である。

図の東西軸のほぼ中央の街路はバス路線であり、両住宅地域の幹線街路となっている。路線価はともに85,000円/㎡と同一である。この幹線街路に直行する街路の路線価は、西側の電柱のない街並みで80,000～83,000円/㎡、東側の電線のある街並みで84,000円/㎡となっており、東側が若干高い。他の区画街路では、西側が73,000～74,000円/㎡、東側が76,000～80,000円/㎡であり、その差が大きくなり東側が高い。

第1章1-4-5で、電線類地中化による地価に与える効果としては、定性的分析であるが地価に対し増価要因となることを論じた。しかし、公表された路線価図＜図3-1＞の路線価をみる限り、電線類地中化された電柱のない街並みにその増価効果は確認できない。

増価効果がみられないのは、戸建住宅地として開発される以前の土地（素地）が有していた自然的要因、社会的要因がいまだに大きな影響を与えてい

<図3-1>

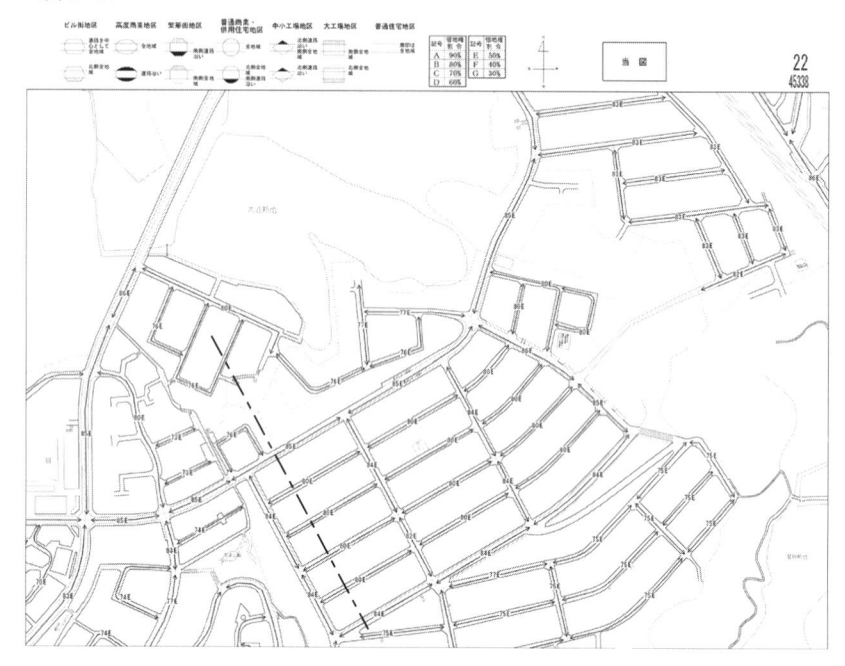

るか、現在の住宅地の区画割が東側のほうがやや整然としているか等により、需要者の地域選好性に差があり、路線価評定の基のひとつである実際の売買実例価額が東側の地域のほうが高い可能性はある。

あるいは、前章で論じたように、電線類地中化の効果を価格形成要因としての意識が希薄である不動産鑑定評価実務で評価される地価公示価格、不動産鑑定評価額が路線価評定の基となっているのが理由である可能性も否定できない。

3-1-3 先例研究にみる路線価の特性

地価データとして地価公示価格、地価調査価格および取引（売買）価格を用いてヘドニック分析を行い、景観以外の説明変数（前面道路幅員、最寄駅までの距離など）と景観に関する説明変数に分けて地価関数を推定した研究報告書（注6）がある。

さらにこの報告書では、推定された地価関数と同一地点について路線価

データ（相続税路線価および固定資産税路線価）を整理し、同様の説明変数を用いて地価関数の推定を行うことにより、ヘドニック法による景観形成の価値分析において、路線価データを活用することの妥当性を検討している。

結果、景観以外の説明変数については、相続税、固定資産税の両路線価による地価関数で、地価データとして地価公示価格、地価調査価格および取引（売買）価格を用いて分析した地価関数と比較して、ほぼ同様の説明変数について統計的に有意な結果が得られたとしている。しかし、景観に関する説明変数については、統計的に有意となる説明変数が数件少ない結果となったとしている。

この研究報告書は、直截的には言及していないが、路線価データを活用して景観形成の価値分析を行うことは妥当ではないこと、地価データとしての路線価には精度上の課題があることを指摘している。

3-2　固定資産税（土地）評価

地方税法第341条第5項で、固定資産税の価格とは、適正な時価と規定されている。適正な時価とは、正常な条件の下における取引価格、すなわち正常売買価格をいい、現実の取引価格のうち、正常でない部分（不正常要素）について、これを除去して得られる価格をいう。さらに最高裁判例で、課税標準とされている土地の価格である適正な時価とは、正常な条件の下に成立する当該土地の取引価格、すなわち、客観的な交換価値をいうと解される（最高裁平成15年6月26日第1小法廷判決）と判示されている。

平成6年度評価替え（注7）から、宅地の評価においては、当分の間、地価公示価格の7割程度をめどとして評価の均衡化・適正化をはかることとなった。

注6）「景観形成の経済的価値分析に関する検討報告書」（平成19年8月、財団法人まちづくりパブリックデザインセンター発行、国土交通省・地域整備局都市計画課監修）
注7）固定資産税評価は、3年に1度の基準年に評価の見直しをする。平成21年度が直近の評価替えの年度であった。

宅地評価の基本となる標準宅地の評価にあたっては、地価公示価格およびこれを補完するものとして都道府県地価調査価格と不動産鑑定士等による鑑定評価価格を活用することとしている。

　宅地の評価においては、固定資産評価基準上、売買実例価額方式を原則としつつ、当面、地価公示価格等を活用することから、地価公示価格、地価調査価格で求められている正常価格をもとに、これらの7割をめどに宅地の評価が行われていることになっている。

　固定資産税評価における宅地評価は、売買実例価額方式を原則としながら、地価公示価格、地価調査価格を活用する理由として、

　　○公的土地評価間の均衡化を図ることで、公的土地評価の信頼性確保に資すること。
　　○全国的な評価の均衡の確保に資すること。
　　○地価公示価格、地価調査価格の価格時点が毎年同一（1月1日または7月1日）であり、同時性が確保されていること。
　　○納税者の理解を得やすいこと。

が挙げられている。

　地価公示価格等の7割評価を行うことで、残りの3割部分が、宅地の固定資産税評価における価格謙抑性を考慮した部分とされ、価格調査基準日（前年7月1日）と賦課期日（課税年の1月1日）間における地価下落のリスクの安全弁および固定資産税評価が大量一括評価であるための安全度等として機能を示すものと考えられている。

3-2-1　宅地の固定資産税の評価方式

　宅地の固定資産税の評価方式は、各市町村の区域を2つに区分して適用する。市街地的形態を形成する地域においては、主として市街地宅地評価法を、市街地的形態を形成するに至らない地域においては主としてその他の宅地評価法を適用して各筆の宅地の評点数を付設する方式を採用すると規定されている。

3-2-1-1　路線価の設定方法に無電柱化等の効果の反映はない

　市街地宅地評価法とは、路線価方式といわれるもので、標準宅地の沿接す

る主要な街路とその他の街路の価格差を考慮して、街路ごとに当該街路に沿接する標準的な宅地の1㎡あたりの価格を付設し、この路線価に基づき所定の画地計算法を適用して各筆の評点数を求める方法である。

　この方法では、街路ごとに路線価を付設した上、画地計算法により画地の奥行、間口、形状等の相違が価額に及ぼす影響を的確に反映させることができるため、比較的厳密な計算を行う必要が認められる市街地的な形態を形成する地域にあっては、この方法によることが望ましいとされている。

　路線価の付設にあたっては、まず、主要な街路に当該街路に沿接する標準宅地の単位地積あたりの適正な時価に基づいて路線価を付設し、続いて主要な街路の路線価を基礎とし、街路の状況、公共施設等の接近の状況、家屋の疎密度その他の宅地の利用上の便等の相違を総合的に考慮してその他の街路の路線価を付設するとされている。

　路線価とは、街路に沿接する標準的な画地の単位地積あたり価格をいうものであって、路線価の値に影響を及ぼす一般的な条件としては、
　　　○街路の幅員、構造、設備、勾配、交通量等の街路条件
　　　○公園、百貨店・スーパーマーケット、公共交通機関の施設である駅・
　　　　バス停、学校等の都市的施設との距離の接近条件
　　　○沿道宅地の利用状況、自然環境等の環境条件
　　　○都市計画で定められた用途地域、容積率、建ぺい率等の行政的条件
が考えられる。

　こうしてみると、条件の区分、内容等は不動産鑑定評価基準、同実務で採用される地域の価格形成要因の各条件への区分と一致している。前章で検討した街並み単位の土地の価格水準の評価は、地域要因に依存することと同じく、固定資産税評価の路線価に反映する。

　固定資産税評価の路線価設定の方法は、不動産鑑定評価基準、同実務の地域の地価水準の評価と同様の方式であり、電柱があるか否かが路線価に反映されているということに否定的にならざるを得ない。

3-2-1-2　既定の画地計算法に無電柱化等の効果の反映はない

　各筆の宅地の評点数は、路線価を基礎とし、固定資産税評価基準別表第3に示す画地計算法を原則として適用して付設する。画地計算とは、路線価を

基礎に各画地が沿接する当該路線価に、各画地の奥行、間口、街路との状況等が宅地の価格に及ぼす影響を標準画地のこれらの状況との比較において計量しようとするものである。

この場合において、宅地の状況に応じ、市町村長が必要と認めるときは、固定資産税評価基準に既定される画地計算法の附表等について所要の補正をして、市町村長が独自に定める画地計算法を適用することができる。

具体的には、原則として別表第3の画地計算法において、各筆の宅地の評点数は、各筆の宅地の画地条件に基づき、路線価を基礎とし、次に掲げる画地計算法を適用して求めた評点数によって付設するものと定められている。

① 奥行価格補正割合法
② 側方路線影響加算法
③ 二方路線影響加算法
④ 不整形地、無道路地、間口が狭小な宅地等の評点算出法

上記画地計算法は、相続税評価における相続税路線価に乗じる画地個性率とほぼ同一の性格のものであり、画地計算法の内容を確認する限り、無電柱化、電線類地中化の効果を各宅地の評点に反映しているとはいえない。

なお、各筆の宅地の評点数の付設において、市町村長は宅地の状況に応じ、必要があるときは、既定の画地計算法の附表等について独自に定めた所要の補正を適用することができる。無電柱化、電線類地中化の効果を各画地の評価に反映する「所要の補正」を定める市町村がすでに存在する可能性はある。

3-3 ヘドニック法

無電柱化、電線類地中化による外部経済を評価する場合に採用するヘドニック法とは、街並みが無電柱化、電線類地中化された効果は、地価に反映されるという仮定の下で、無電柱化、電線類地中化の要素を含めた説明変数を用いて地価関数を推定し、電柱のない街並みと電柱のある街並みの地価の差をもとに分析する手法である。

いい換えると、電柱のない街並みの形成がもたらす便益（効果）が地価に帰着すると仮定し、電柱のない街並みの形成に伴う地価の上昇分で便益（効

果）を計測する分析手法である。

　地価の上昇分は、地価関数により計測することとなる。たとえば、住宅地の場合、最寄駅までの距離、最寄駅から都心までの（時間）距離、前面道路幅員等が地価の形成に影響を及ぼしている可能性が大である。電柱のない街並みについても、地価の形成に影響を及ぼしているであろうと予測できる。

　そこで、電柱のない街並みの要素に関するデータを含めて、地価形成要因（不動産鑑定評価理論的には、価格形成要因）と予想できる定量的または定性的データにより地価関数を推定する。

＜図3-3-1＞　ヘドニック法活用による電柱のない街並みの形成の価値分析イメージ

```
地価　＝　電柱のない街並みの形成以外の地価形成要因による価値
　　　　　　　　＋　電柱のない街並みの形成による価値
```

　ヘドニック法の基本的な実施手順は、次頁の図3-3-2のとおりである。

　地価関数を推定するヘドニック法の長所としては、価格形成要素別の計測が可能である。たとえば、最寄駅までの距離が地価に及ぼす影響の程度はどの程度か、前面道路幅員はどの程度かなどと価格形成要素別で計測できることである。また、便益の地域的な分布を計測することも可能であるとされる。

　短所としては、まず第一に豊富な地価データが必要であることが挙げられる。データ特性としては、実際の市場で成立した土地取引データが最有力であるが、取引の同時性の問題、実際の取引件数がさほど多くない上に、取引価格の開示制度等がないために収集が困難であることが課題である。代替的なデータとして、地価公示価格、地価調査価格等があるが、データの同時性は担保されるが、分析地域内の分布が希薄であることに問題がある。地価公示価格等を基として公表されている相続税、固定資産税の路線価の活用が考えられるが、精度上の課題が指摘されることも多い。また地価に反映されない要素が分析できない。

<図3-3-2> ヘドニック法の基本的実施手順

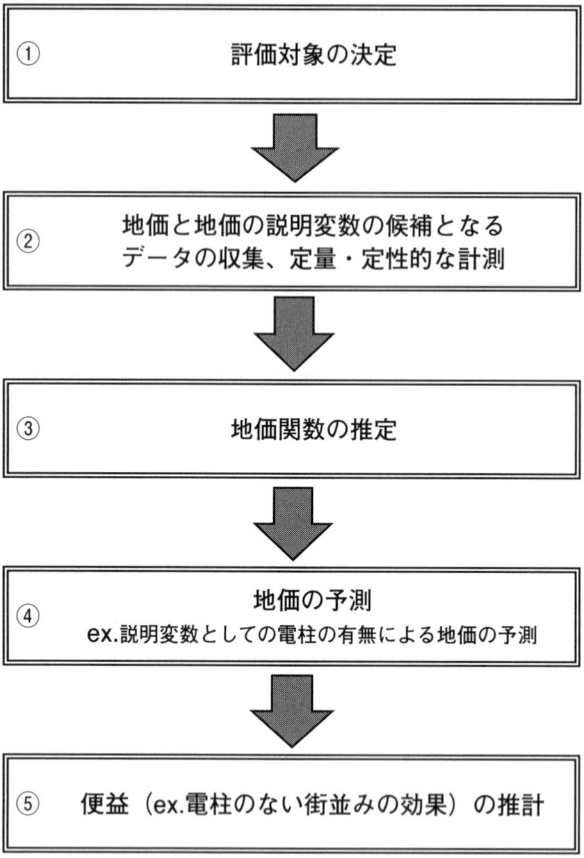

```
①  評価対象の決定
        ↓
②  地価と地価の説明変数の候補となる
    データの収集、定量・定性的な計測
        ↓
③  地価関数の推定
        ↓
④  地価の予測
    ex.説明変数としての電柱の有無による地価の予測
        ↓
⑤  便益（ex.電柱のない街並みの効果）の推計
```

3-4 仮想市場評価法（CVM）

　たとえば、街路から電柱がなくなったことによる変化や効果を具体的に回答者に説明した上で、その変化、効果に対してどの程度の額を支払う意思（支払意思額）を持っているかをアンケートにより、直接的に質問し、その回答結果をもとにして統計的に分析する方法である。

　仮想市場評価法の基本的な実施手順は、右頁の図3-4のとおりである。

<図3-4> 仮想市場評価法の基本的実施手順

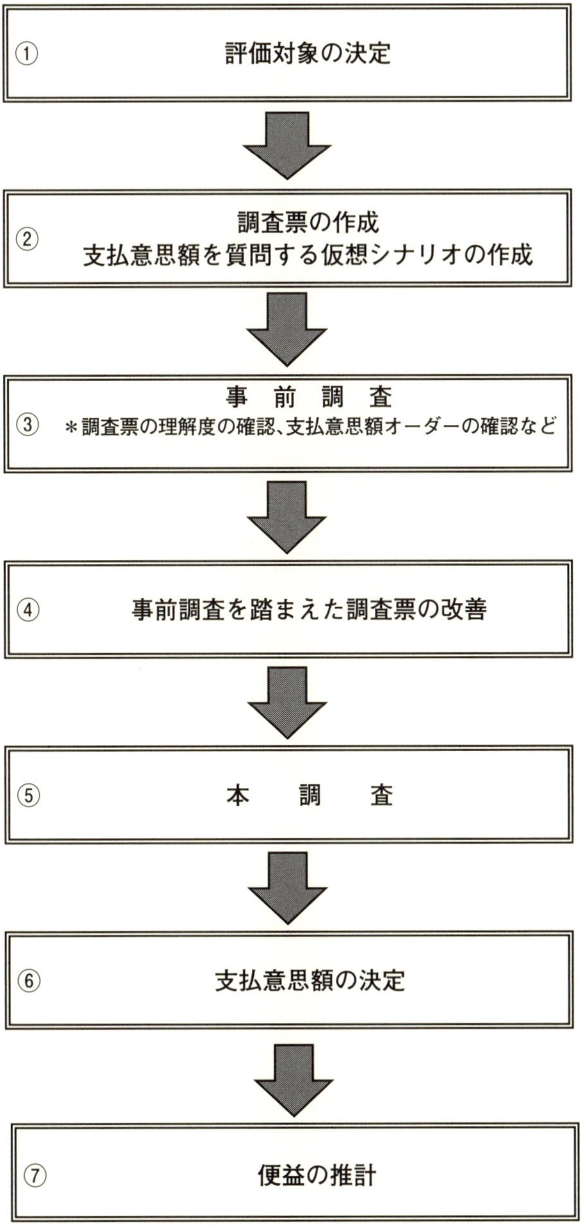

① 評価対象の決定

↓

② 調査票の作成
　支払意思額を質問する仮想シナリオの作成

↓

③ 事前調査
　＊調査票の理解度の確認、支払意思額オーダーの確認など

↓

④ 事前調査を踏まえた調査票の改善

↓

⑤ 本　調　査

↓

⑥ 支払意思額の決定

↓

⑦ 便益の推計

仮想市場評価法の長所は、計測の対象に関する制約が少なく、かつひとつの事象から生じるいくつかの効果があっても一括して計測できることである。
　一括計測が可能なこととは逆に要素別の分離計測が困難になることが短所となる方法でもある。さらに短所として、質問方法やサンプルの特性によっては偏向（バイアス）が生じる可能性があるといわれることと、調査に日数や多額の費用がかかることも挙げられる。

3-5　コンジョイント分析

　評価対象となる地区の電柱のあるなしの街並みについて、その電柱の有無等と支払意思額を変化させた組み合わせによる数種の代替案を作成し、その中からアンケート回答者に好ましいものを選択させることで、支払意思額を決定し、便益（効果）を統計的に分析し、推計する方法である。
　コンジョイント法の基本的な実施手順は、右頁の図3-5のとおりである。
　長所として、評価対象の要素別で計測が可能であることがあげられ、さらに計測の対象につき制約が少ないこと、複数の代替案（プロファイル）の評価が可能であることがある。
　短所として、計測が仮想市場評価法に比較して煩雑であること、質問方法等により偏向が生じる可能性があること、仮想市場評価法と同様に調査日数、多額の費用がかかるということがある。

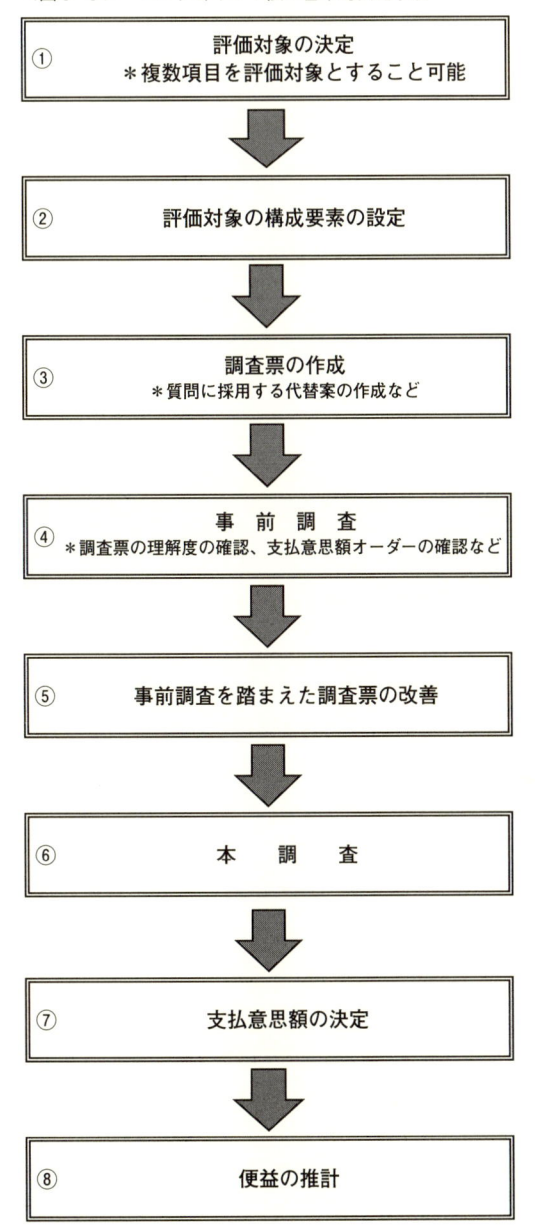

― 第3章 電柱のない街並みの評価に関わるその他の手法 ―

<図3-5> コンジョイント法の基本的実施手順

① 評価対象の決定
　＊複数項目を評価対象とすること可能

↓

② 評価対象の構成要素の設定

↓

③ 調査票の作成
　＊質問に採用する代替案の作成など

↓

④ 事 前 調 査
　＊調査票の理解度の確認、支払意思額オーダーの確認など

↓

⑤ 事前調査を踏まえた調査票の改善

↓

⑥ 本 調 査

↓

⑦ 支払意思額の決定

↓

⑧ 便益の推計

Column #3

景観の恵沢よりも団子

　上方落語を鑑賞することが多い。滑稽な行いの丁稚、偽知識くさい博学者風親爺、人のいいご隠居などの会話で構成されていく人物描写がほとんどだ。名所旧跡や自然風景の描写などは数少ない。

　よく聞く噺のひとつ、西の旅のジャンルの「兵庫船」に珍しく風景描写らしき場面がある。ボケ役の喜六（以下「喜」）とツッコミの清八（同「清」）の掛け合いだ。

　日常的にみることのないスッキリとした空間的な広がりを愛でる気持ちが心底にあるようだ。現代日本の都会人が電柱のない街並みに接して、なんと爽やかな景観形成だと感心するのと、同レベルかな？

　さて、掛け合いが始まる。
　　清　　さあ、出といで。これが有名な兵庫は鍛冶屋町の浜や。
　　喜　　こないして見たら海ちゅうのは広いもんやな。ず〜と向こうに
　　　　見えた山並みはどこや。
　喜六は、清八に促されて現在の神戸市兵庫区鍛冶屋町の浜辺に出てきた。きっと目の前に広がる瀬戸内海のあちこちに岬（鼻）が見渡せることで有名なのだろうか。風光明媚な地で有名なのだろう。
　　清　　あら四国やな。

　地図で位置関係をみると鍛冶屋町の浜が現在の埋立地の東端から大分西にあったとしても、四国の山並みはみえにくい。ぎりぎり明石海峡の間からみえるか否かというところ。

喜　そうか、ほな、まあ前にみえたある島影はどこや。
清　あら、淡路の岩屋の鼻や。
喜　ほたら、こっちにみえたあるのは。
清　そっちにみえたあんのが、明石の鼻。ずっ〜と向こうにみえたあんのが紀州加太の鼻、あれが天保山の鼻で、こっちが和田の鼻や。

　淡路の岩屋の鼻（岬）はほぼ南西方にある。明石の鼻（岬）はまずみえない。紀州加太の鼻（岬）は南方だけど40km以上は離れているので、水平線の下だろう。天保山はポートアイランドがなかったから真東にみえる。和田の鼻（岬）は南方１kmの処にある。
　ない処もあるとこにしてしまう落語のエエ加減な世界は寛容にみてもらおう。埋立地や大きな建物がなかった時代だ。目前にバァ〜とあたりまえのように広がる青い海、近くや遥か遠くにみえる数々の岬をすばらしい景色だと自然体で愛でることができたのだろう。現代風の法的解釈によれば、良好な自然的「景観の恵沢」を享受しているわけだ。
　こういった眺めをなんといって褒めたのかなと想像してみたくなる。清八なら景観が素晴らしいとか、眺望が見事だ。雄大な修景だ。おお、なんと風光明媚なところだ！　とでも叫んだのだろうか。
　でも、ボケの喜六は景観の恵沢よりも団子なのだろう。「兵庫船」の噺が少し進むと、「なぞかけ」遊びを「さと（砂糖）がけ」菓子と聞き違いするほど、腹が減っているのだからね。

第4章 電線類地中化事業の実際

「なぜ、日本の電線類地中化は進まないのか？」この問いに明快に答えられる人は少ないだろう。または、それぞれの立場の人がそれぞれの立場で違う答えを口にするかもしれない。みなさんは答えをお持ちだろうか？　そもそも、この問題について考えられたことがあるだろうか？

　答えがわからない問題は解決することはできない。だから、日本の電線類地中化は進まない、というのが答えかもしれない。また、一部の電柱マニアをのぞいて、電柱電線が視界から消えることを望まない人はおそらくいないであろう。では何が、ここまで問題をややこしくしているのか？　その答えのいくつかは今回の原稿を執筆するにあたっての取材活動の中で浮かび上がってきた。

　最初の事例は、民間のデベロッパーが新規住宅開発地での電線類地中化に取り組んだ事例だ。最近こうした事例が少しずつ増えているのはうれしい限りだ。しかし、民間のデベロッパーが費用を全額負担して行う現在の方式では、限界があるのも事実だ。私の知る限りのデベロッパーは皆、電線類地中化したいという。しかし、費用が…、となり、電線類地中化へのモチベーションは大きく下がってしまう。また、水道やガスは地中化が標準なのに、なんで電気や通信は地中にすると費用が発生するのだ！と逆ギレされることも少なくない。たしかにそうだ。欧州の主要な都市はほとんどが100％電線類地中化されている。ロンドンでは、19世紀末に治安維持のために街路灯を建設する必要があった。その際に、ガスと電気事業者が競合したそうであるが、ガスは地中で、電気は架空でも可、ということになれば、公正な競争にならない。そのため、電気も地中化を義務付けたという。この考え方は、現代にも適用されるべきかもしれない。

　また、デベロッパーから必ず要望されるのが、電線類地中化をする際の国や行政からの補助である。日本は住宅建設や、環境対策には多大な補助金が出るが、民間への電線類地中化に対する補助はない。とくに長期優良住宅という観点からも、100年後はおそらく、日本の街も電柱電線は今よりも少なくなっているだろう。そのときに、住宅が100年と長持ちしても、その周りに遺跡のような電柱電線が残っていては、元も子もない。そういう観点でも、早急に電線類地中化に対する民間補助をお願いしたい。それが、日本の電線類地中化を進める近道であるのは間違いない。

続く、港区の事例は、もっとも執筆にエネルギーを要した。また、それだけに何としても書きたかった事例である。何回か挫折しかけて、違う事例を書こうとも思ったが、何とか日の目を見ることができたことをうれしく思う。それは、この事例が、おそらく、日本でもあまり事例がない、既成住宅地のしかも公道での電線類地中化だからだ。これまでも、国交省が主導して、幹線道路や駅前などの電線類地中化は進められてきた。しかし、生活者である私たちの実感としては、依然、家の前には電柱が存在し、窓からは黒い線が垂れている。意識する、しないにかかわらず、毎日目にしている。私の友人は、お金はある程度出すから、目の前の電柱と電線を消してくれ、と私に言う。できることなら、そうしてあげたいし、実際に電力会社に掛け合ってみたが、現実的な答えは見つけられていない。そういう意味でも、この問題に一つの解答を出した事例として、港区の事例は貴重である。貴重なものは盗られないように大切にしまっておくか、みんなで鑑賞するか。後者がいいに決まっている。しかし、そう思うのは我々庶民であって、様々なステークホルダーが存在する電線類地中化に関しては前者の考え方がまだまだ強い。そこにあえてチャレンジする理由があった。今回取材させていただいた行政や電力会社、デベロッパーの勇気に敬意を表したい。

　最後の事例は、駅前の再開発に伴う電線類地中化で、おそらく、日本で最も多く実施されている事例の一つではないかと思う。しかし、この事例が示すように、なかなかすんなり事は運ばない。また、思うようにならない。いい街を作りたいという想いと、それを具体化する手段とがアンバランスであるとともに、まち全体を観て、プロデュースする仕組みが必要である、とこの事例を通じて、考えさせられた。地方の行政マンは、私たちの想像以上に、自分たちのまちを良くしたい！という想いが強いし、それを具体的に実践している。そこで問題になってくるのが電線類地中化である。

　昨年、大阪府の要請で府下の道路管理担当者向けの電線類地中化に関する勉強会の講師を依頼された。その会場は熱気に包まれ、行政マンの電線類地中化にかける想いは並々ならぬものを感じた。質疑応答でも、積極的な意見が多数出た。たとえば、道路法第33条を引き合いに出して、

　（道路の占用の許可基準）
　道路管理者は、道路の占用が前条第一項各号のいずれかに該当するもので

あつて道路の敷地外に余地がないためにやむを得ないものであり、かつ、同条第二項第二号から第七号までに掲げる事項について政令で定める基準に適合する場合に限り、同条第一項又は第三項の許可を与えることができる（下線は筆者）。

とあるのに、地中に埋設せずに、電柱を建柱するのはおかしいし、許可を出すべきではない。といった意見だ。また、道路法施行令第11条ロには、

（道路の占用の許可基準）

同一の線路に係る電柱を道路（道路の交差し、接続し、又は屈曲する部分を除く。以下この号において同じ。）に設ける場合においては、道路の同じ側であること。

とあり、現在のように、電力柱とNTT柱が両側に並んで建っている状態はおかしいのではないか？　などである。また、大阪府道路許可基準の第4章にも、

1．10大放射3環状線及びこれと同等以上の機能を有し、都市計画の幅員どおり完成している道路においては、原則として設置を認めない。
2．電柱の新設又は建替を行う場合において、他の柱類に電線等を共架することができる場所には、単独柱の占用を認めない。
3．電線等は極力地中化すること。

となっている。こういった法律や条令が存在するにもかかわらず、それが実施されていないのも大きな問題だと感じた。

それにしても、こうした行政マンの意欲が、早く具体的な形になるために私たちとしても力になりたいと思う。

これらの事例を通じて、電線類地中化の様々な問題点を改めて確認することができた。それと同時に、電線類地中化は不可能ではない、ということを強く実感した。枚方市の住宅地は、販売が好調という。港区の住宅地は住民に広い視界と快適な生活を提供している。島本町の駅前通りは、歩道が広がり、町民の安全な歩行を約束するとともに、新駅の奥に広がる美しい山々の景色を提供している。こうした取組は、まちの価値を高めることに大いに寄与するであろうし、それは、年月を経て、実感されるものかもしれない。正しい理念（考え）に基づいて行われた電線類地中化という取組は、様々な困難を経て、具体化し、それが評価されるまでには時間を要するかもしれない

が、必ず、価値を生むであろう。そういったことを、この書籍を通じて、少しでも多くの方に知ってもらいたいと思う。そのことで、日本の電線類地中化が少しでも前に進めばと思う。

　今回、電線類地中化の事例を取材するにあたって、当NPO法人の法人会員である、シンテック㈱の佐々木伊知男社長、㈱ジオリゾームの栗林義男部長、村上尚徳チーフ、寺内良雄チーフに多大なるご協力をいただいた。この場をかりてお礼申し上げます。ありがとうございます！

ケーススタディ①
◆新規住宅開発地における電線類地中化
津田山手ビスタヒルズ「くにみの丘」
事業主：総合地所株式会社、関電不動産株式会社、新星和不動産株式会社
事業概要：所在地：枚方市津田山手１丁目15-55他
　　　　　用途地域：第１種中高層住居専用地域
　　　　　地目：宅地
　　　　　建ぺい率：60％　　　　容積率：200％
　　　　　総区画数：90区画
　　　　　敷地面積：134.47m²（１戸）～148.56m²（１戸）
　　　　　延床面積：92.33m²（１戸）～108.05m²（１戸）
　　　　　建物完成時期：平成22年８月末日～
　　　　　販売価格：3,480万円（１戸）～4,220万円（１戸）

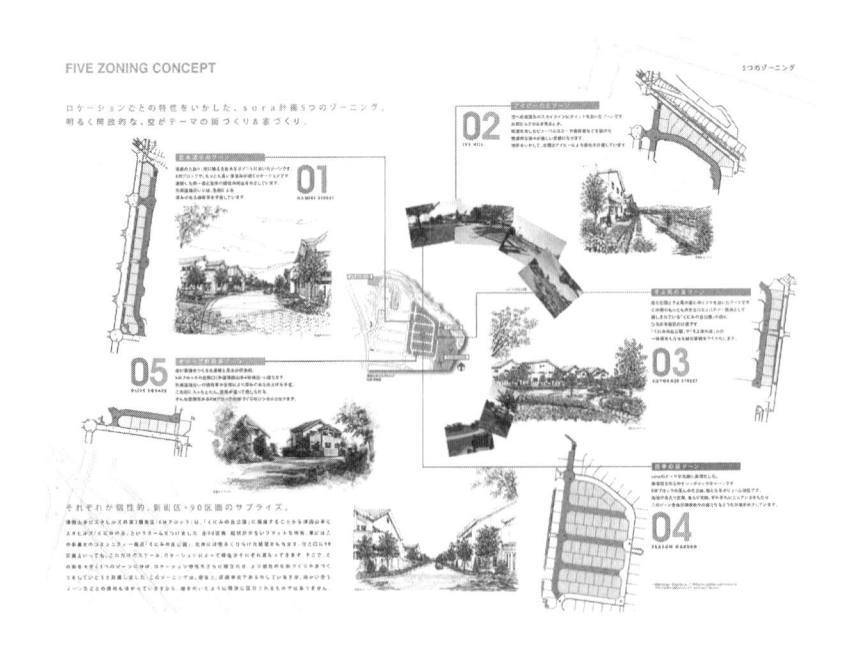

<まちづくりのコンセプト図>

開発コンセプト：丘の上には、まぶしい太陽がある。きらめく星空がある。やさしい風がある。のびやかな眺望がある。大阪と京都の中間、利便性と潤いにみちた枚方の地の利をたっぷりと深呼吸しながら、暮らしや気持ちの余裕をひろげていくまちづくり。こんな複雑で厳しい時代だからこそ、自然を楽しみ、季節を感じ、ハートウォームな暮らしを満喫していただきたいと考えています。

4-1 宅地開発に伴う電線類地中化の設計手順

4-1-1 計画に伴う調査項目

電線類地中化を計画するにあたって、下記の項目を調査する必要がある。

4-1-1-1 既設電柱位置

現状の既設電柱がどこに建っているかを確認する必要がある。その際、電柱番号を控えておくと、その後の電力会社との交渉の際にスムーズにいく。また、電柱からの立ち上げ管が配管できるかを確認する必要がある。場所によっては、構造物等の関係で配管できないことがある。

＜電柱番号＞

4-1-1-2 周辺道路の状況

対象の開発地へのアクセスとしての道路の状況を確認する。開発地までのアクセスが1本だけであったり、新たに道路を建設したりするケースもあるので、開発事業者へのヒアリングも必要である。

4-1-1-3 各電線事業者の引き込み幹線

電力会社、NTT、ケーブルテレビ（以降CATV）、有線放送等、対象開発地への引き込み予定の電線事業者を開発事業者へ確認し、該当する電線事業者に対して、引き込む幹線の場所と本数、経路をあらかじめ確認しておく。管路等の設置後の追加は困難となるので、書面にて、各電線事業者に参画の意志を確認しておく必要がある。

4-1-1-4 管路埋設場所

電線類を地中化するにあたって、対象開発地内のどの位置に管路を埋設するかを開発事業者に確認が必要。歩道がある場合は歩道の下が好ましいが、歩道のある開発地は現状ではまれなので、通常車道に埋設することになる。他の埋設物（下水道・上水道・ガス）との埋設場所の取り合いを、調整しておく。例外として、民地内に埋設するケースもある（注1）。

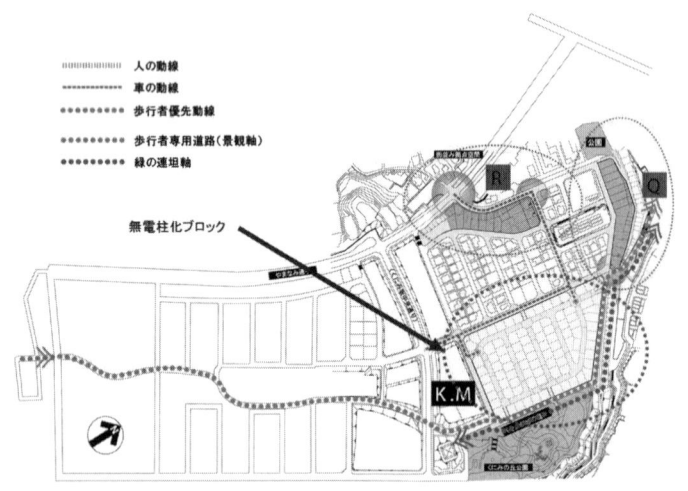

<無電柱化ブロック>

4-1-1-5　土質状況および地下水の有無

　電線類地中化を施工する場合、管路部で、通常深さ1.5m、特殊部（ハンドホール）で2～3m程度の掘削を行う。そのため、対象地の土壌が掘削可能であるか、掘削時に地下水等が出るかどうかはあらかじめ調査しておく必要がある。埋戻し後に十分な路盤の強度が確保できるかを確認す

注1）民地内への管路埋設事例としては、兵庫県企業庁が分譲した、兵庫県三田市のカルチャータウンワシントン村がある。ここで電線類地中化管路を埋設したのは、道路に面している民地内の2.5m幅のエリア（緑化ゾーン）。このエリアの所有は個人だが、地上権設定権者の㈱北摂コミュニティ開発センターが地上権を設定しており、エリア内に構造物等が建たないように、週1～2回のパトロールを実施している。
　　地中化方式は、各電線管理者が単独で行う、単独地中化方式となっている。
　　したがって、管路やケーブル、地上機器、ハンドホール等に関しては、それぞれの電線管理者が独自に管理している。
　　緑化ゾーンは、住民が加盟する管理組合が維持管理を行っている。この管理組合に住民は加盟しなければならず、月額1万円の管理費をこの組合に支払っている。

＜民地内に設置された地上機器＞

る必要がある。できない場合は、土壌改良が必要となる。

4-1-2　実施計画

上記の調査を踏まえ、実際の実施計画を策定する。今回の計画では下記の流れで行った。

4-1-2-1　電気・電話・CATVの各配管計画作成

対象開発地に埋設する配管について、宅地区画図面をもとに、開発事業者へ確認を行い、大まかな管路の配管計画を作成した。今回は、電気と電話とCATVを計画することとなった。当初は、開発事業者である電力会社系の不動産会社の意向で、電話用の光ファイバーを電力系のみにし、管路の条数を減らしてコスト削減したいとの要望があり、NTTを入れずに、電話は関西電力の光ファイバーを引くこととなった。後に住民からのNTTの利用希望があるかもしれないとのことでNTTのケーブルを引き込むことになる。NTT管路に関しては、CATVの空き管路を共有するということになった。

4-1-2-2　各電線事業者との打ち合わせ

電線管理者との打ち合わせは、電線類地中化において最も重要な業務のひとつである。関西電力には、ハンドホール、地上置きトランス、配管、管路分岐、既設電柱からの引き込み等に関して様々な規制があるので綿密な打ち合わせを行った。

NTTは上述のとおり、当初計画にはなかったが、CATVの管路を使って光ファイバーを入れることとなった。

今回の電線類地中化は、電線共同溝法に基づく実施ではないために、将来的に、架空配線の禁止を担保する法律がない。民間の宅地開発時における電線類地中化では、この点の配慮が必要である。

4-1-2-3　電気の配管

電気の配管は、最近増えてきている太陽光発電設備を全戸に標準設置しないという前提での計画となっている。つまり、売電による電気の逆潮流

第4章　電線類地中化事業の実際

<ハンドホールと鉄蓋（R桝）>

などを考慮に入れずに配電設計されている。今後、既築の住宅においても太陽光発電がかなり普及することが予想されるので、計画当初からの検討が必要になるだろう。

　また、電気管路では引き込みよりハンドホールまでの管路部分はSカーブにならないようにとの、関西電力からの要望があった。これは、管路設置後のケーブル入線時に、摩擦抵抗が増し、ケーブルの引き込みができなくなるおそれがあるためである。

4-1-2-4　電柱への立ち上げ管路

　また、電柱への立ち上げ管路からハンドホールと次のハンドホールまでの管路は折り返し配管不可となっている。この立ち上げ管は電柱1本に付きϕ100の4条くらいが望ましい。これ以上になると、電柱の径が大きくなりすぎ、通行にも支障が出てしまう。

<電柱への立ち上げ管路>

4-1-2-5　管路の設計を行うにあたって

　管路の設計を行うにあたって重要になってくるのが電気のハンドホールからの引き込み管路の分岐数であるが、今回は4分岐までとなった。

4-1-2-6　ハンドホールからの分岐数

　通常の電話のハンドホールからは12分岐までとなり（一条一管方式）、通信配管（FA方式）は、8分岐までとなる。CATVハンドホールからの分岐は8分岐までとなる。ちなみに、この分岐数は、NTT、各電力会社とその営業所によっても異なる場合もあるので、そのつど確認が必要である。この分岐数が少ないと、ハンドホールの数が増えることになるので、

＜宅地通信桝＞

　コスト高になる。できる限り、この分岐数は多くしたいところだ。

4-1-2-7　ハンドホールの間隔
　　各ハンドホールとハンドホールの間隔は、電気の場合で最大50mくらいまでとなり、電話は最大で80mくらいまでとなっている。これも、ケーブル入線の際の摩擦抵抗により決まるものといわれている。

4-1-2-8　電線類地中化の行政への移管
　　今回のように、開発道路とともに、電線類地中化した管路や特殊部を行政に移管する場合、各宅地（民地）への引き込み管路の官民境界（財産区分）は道路境界となる。ただし、配管に関しては、施工の都合上境界から50cm宅地側としている。今回はその場所に宅地通信桝（塩ビ製φ330×450mm）を設けた。

4-1-2-9　使用材料

　使用材料の選定は、全体のコストに影響を与えるので、慎重に行う必要がある。基本的には、大阪府電線共同溝工事仕様書に基づき使用材料を選定して、電線事業者および関係官庁・事業主と打ち合わせの上決定するが、今回のように開発事業者が全額費用負担して、電線類地中化を実施する場合は、品質を担保した上で、可能な限り安価な材料の選定が重要である。また、そういった観点での使用材料の提案を行った。

4-1-3　施工計画

　上記の流れで計画図面が確定したのち、開発事業者、造成工事業者、水道・ガス施工業者と配管についての埋設位置・深度の打ち合わせ、調整を行い、電線類の埋設位置を決定した。

　調整を行った後に、全体の工程打ち合わせを行う。通常の宅地開発に比べて、電線類地中化の施工がプラスされているので、それを踏まえて工程調整

<曲げ加工状況>

を行った。

　基本的には、電線類地中化の施工は、他業者の施工していないエリアで行うよう調整するのであるが、どうしても施工時点で管路埋設等が他業者と重なる場合は、事前に深さ・施工順序を調整して、工事着手した。とくに、下水管の横断管路は、埋設深度的にも電線類地中化管路と同じ位置に来るので、綿密に打ち合わせを行った。

　電線類地中化の施工においては、大阪府の「電線共同溝施工管理基準（案）」を参考に施工、施工管理した。とくにのちの入線時に問題が多く発生する管路の曲げ（特にFEP管）の角度は府技術基準に基づき施工したので、入線時にも問題がなかった。電気の管路の曲線部はKGP（関西電力指定の鋼製パイプ）$\phi 125$・$\phi 80$の曲管を使用して施工したが、それでも角度が合わない場合は、府技術基準に基づき、現地で曲げ加工をして施工した。

4-2　宅地開発に伴う電線類地中化構造物の行政移管手続きについて

　民間の住宅地開発における電線類地中化には、1、行政移管方式、2、電線共同溝方式、3、単独地中化方式がある。今回のケースは1のケースであるが、この方式は、要請者負担方式とも呼ばれている。民間の開発事業者が全額費用負担して、将来公道として、行政に移管する道路に電線類地中化の構造物を建設し、道路と一緒に移管するというものである。この場合の構造物の維持管理は行政が行う。開発事業者は費用を全額負担する代わりに、将来のメンテナンスのリスクを行政に移管する形になる。この方式によって、将来そこに住む住民も安心して住むことができるという、理想的な方式といえる。しかし、まだまだ行政の中にこの方式は浸透しておらず、実施できないケースもある。事前に、当該行政に移管に応じてもらえるのかどうかの確認が必要である。また、前例がないケースでも、交渉によって移管に応じてもらえるケースもあるので、粘り強い交渉と電線類地中化を実現するという確固たる意志が必要である。

4-2-1 協定書について

4-2-1-1 開発事業者との協定書（案）作成

　開発事業者と電線類地中化について契約した後、上記の行政へ移管するための協定書（案）を作成するため、行政・開発事業者・各電線事業者と打ち合わせ、協定内容を設計図とともに検討・協議した。

4-2-1-2 協議終了後

　協議が終了後、協定書（案）を作成。それを行政担当窓口・開発事業者・各電線事業者に提出して検討・確認（設計図共）してもらう。各電線管理者は、自社内の稟議を通すための時間（2週間程度）がかなりかかるため

```
┌─────────────────────────────────────────┐
│                                         │
│   ○○○○○宅地造成地内の地中管路等に関する協定書    │
│                                         │
│                                         │
│                                         │
│                                         │
│                                         │
│                                         │
│                                         │
│                                         │
│                                         │
│                                         │
│          △        △       市            │
│                                         │
│          ××電力株式会社　◇◇営業所         │
│                                         │
│          □□電信電話株式会社　▽▽支店       │
│                                         │
│          株式会社　○○CATV               │
│                                         │
│          ☆☆☆不動産株式会社              │
│                                         │
│                                         │
└─────────────────────────────────────────┘
```

<協定書>

に、ある程度、日程に余裕をもって進めることが大切である。また、行政担当窓口は通常、建設部門の道路管理課が担当するケースが多い。今回の枚方市も建設部道路管理課に担当していただいた。ちなみに、枚方市は、民間開発地の電線類地中化に積極的で、これまでにも、何例も移管に応じている。

4-2-1-3 協定書案の配布

協定書案を開発事業者・役所・各電線事業者が承認、捺印した後、正式に協定書・設計図を袋綴じして、各電線事業者→事業主→役所と再度承認をもらい、それを各社に1部ずつ配布することになる。

4-2-2 開発許可申請手続きについて

通常の宅地開発の許可申請と異なり、電線類地中化を事業計画に盛り込む場合には、事前に行政の開発担当窓口へ、その旨を伝える必要がある。そうすることで、後の申請手続きがスムーズに進む。許可申請の流れは、次のとおりである。

4-2-2-1 概略設計図の制作

関西電力に、開発事業者からの最終確定図面に基づく電力の地中配電供給設計を依頼して、概略設計図を制作してもらう。この場合、基本的には、開発事業者名で行うのが原則である。そうしないと、依頼に応じてもらえないケースがある。また、この際、電線類地中化に伴う電力負担金の概算金額の算出も同時に依頼しておくほうがよい。

　＊この場合、早くて2週間、遅いと1カ月以上もかかる場合があるので、担当者に小まめの進捗確認が必要となる。

4-2-2-2 通信事業者の配管図

NTTとCATVの電線類地中化配管図は電力の配管のように、電気容量やトランスなどの複雑な問題が少ないために、電線類地中化の代行業者でも設計可能なので、造成図面や現場の状況も踏まえて、NTT、CATVと具体的な内容の打ち合わせを行う。

4-2-2-3 図面内容の確認

　各社と打ち合わせした内容に基づいて作成した電線類地中化設計図面を用いて、関西電力・NTT・CATVと再度、図面内容の確認を行う。

4-2-2-4 設計図書の作成

　4-2-2-1～4-2-2-3を経て、作成した正式な電線類地中化設計図面に基づき、設計図書（設計図・主要材料図・設計数量表）を作成して、開発申請業者（通常開発事業者が依頼している設計会社）を通じて、都市計画法第27条申請と同時に、電線類地中化実施の申請を行う。

4-2-2-5 事前協議と将来のリスク回避

　前述したが、宅地開発時に電線類地中化を計画する場合は、宅地造成の事前協議をする際に、行政の開発担当窓口へ電線類地中化を含めて事前協議を行う必要がある。また、電線類地中化した構造物の移管に応じない行政もあるので、これも、電線類地中化の専門会社や団体に、行政への移管に応じるかどうかの打診をあらかじめ行ってもらうと、直前になって電線類地中化が実施できないという、将来のリスクを回避できる。

4-2-2-6 開発許可申請手続きフロー

　電線類地中化を実施する際の開発許可申請手続きフロー

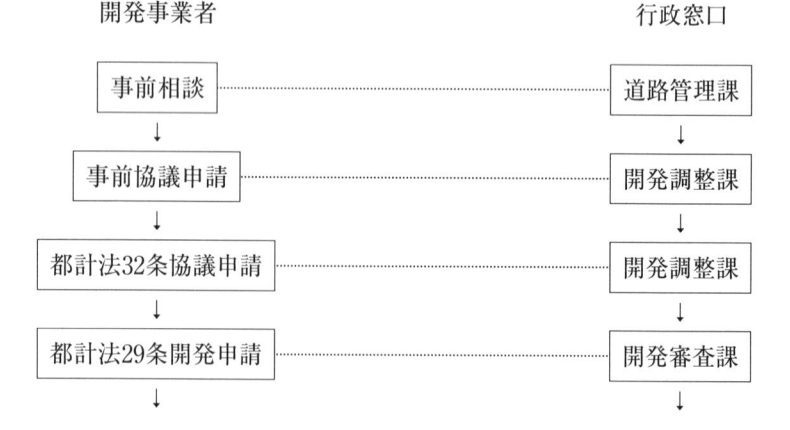

開発事業者	行政窓口
事前相談	道路管理課
↓	↓
事前協議申請	開発調整課
↓	↓
都計法32条協議申請	開発調整課
↓	↓
都計法29条開発申請	開発審査課
↓	↓

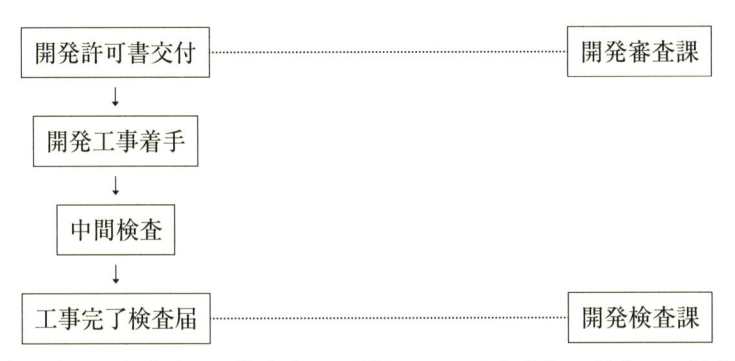

```
開発許可書交付 ────────────── 開発審査課
      ↓
開発工事着手
      ↓
  中間検査
      ↓
工事完了検査届 ────────────── 開発検査課
```

＊行政窓口はあくまで、枚方市での例なので、それぞれの行政での担当窓口を確認する必要がある。

4-3 電線類地中化にかかる費用

今回のような新規の住宅開発地での電線類地中化を実施する場合の費用は大別すると次のとおりである。
(1) 設計費（協議等の費用・諸経費を含む）
(2) 施工費（施工に関わる人件費・機材費等）
(3) 材料費（管材・特殊部等）
(4) 負担金（電力会社等へ支払う費用）

4-3-1 設計費

この設計費の中には、電線管理者や行政担当者との打ち合わせ、現場管理費、設計費、竣工図書作成費、諸経費などが含まれる。今回のケースでは電線類地中化の総事業費の15％程度となったが、現場によっては18％程度となる場合もある。

また、とくに打ち合わせに関しては、現場の規模が大きくなればそれに比例して打ち合わせ頻度も増していくので、経費もかかり注意が必要である。電線類地中化の設計費用の目安としては、2～3万円／m程度である。実際に経験のある設計会社か電線類地中化の専門企業に依頼するのが望ましい。

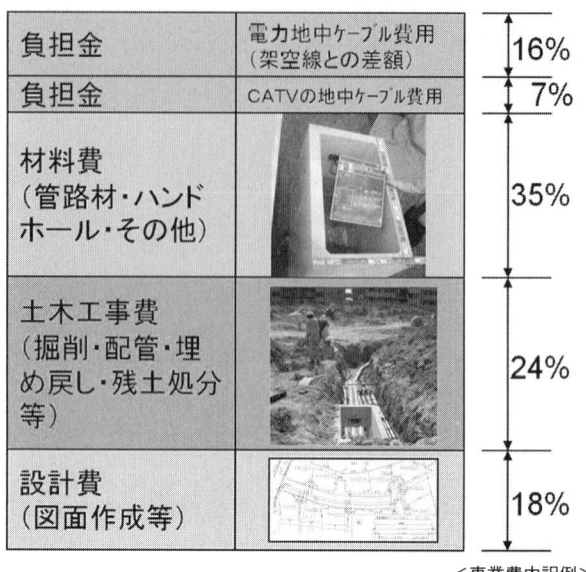

負担金	電力地中ケーブル費用 (架空線との差額)	16%
負担金	CATVの地中ケーブル費用	7%
材料費 (管路材・ハンド ホール・その他)		35%
土木工事費 (掘削・配管・埋 め戻し・残土処分 等)		24%
設計費 (図面作成等)		18%

<事業費内訳例>

4-3-2 施工費

　施工費に関しては、人件費が大半を占める。具体的には、掘削、配管、埋め戻し、転圧などの一連の作業を作業員が重機や機械・工具を用いて行う。この中で、最も時間がかかるのが配管である。この工程のために、作業員が多くの時間を割かれることになる。したがって、配管予定場所に他の埋設物があると、管の曲げ加工や切断による長さ調整などの工程が重なり、作業時間を多く要する。このため工事の進捗によって施工費は大きく変わる。通常の管路配管の進捗ペースは、作業員の熟練度にもよるが、1日10～20m程度である。しかし、10mと20mでは、倍ほども違うので、工程とコストに大きな影響を与えることになる。いかにコストダウンを図るかは、段取りや工事業者間の調整が重要な鍵となる。そういう意味では、本現場は出合い丁場での施工による進捗の遅れがほとんどなかったので、スムーズに施工することができた。今回のケースでは、全工事費の27％が施工費となっている。

4-3-3 材料費

　電線類地中化において、全体の工事費の約4～5割を占めるのが材料費で

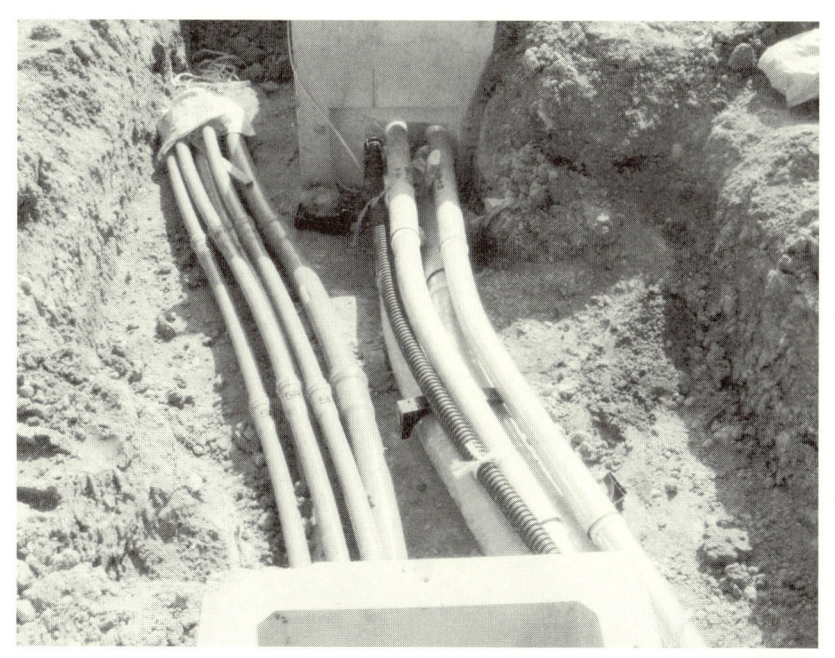

<地中埋設材料>

ある。一説には、日本の地中化の設備は過剰であるという話もあるが、現状では、なかなかコストが下がらないのが材料費である。大きくは、管路材と特殊部で構成されている。これらは、基本的に電力会社やNTTから指定されたものを使うケースが多いが、交渉次第では、それ以外の安価な材料を使用することも可能だ。今後は、最低限の安全性を確保した上での、安価な材料や特殊部の活用によってコスト削減を図ることが望ましい。今回現場では約38％が材料費となっている。

4-3-4 負担金

そもそも、負担金とは、電線管理者である電力会社やCATV会社が、電線類地中化するにあたって、標準仕様である架空線の設備と地中化した場合の設備費の差額を開発事業者に請求するというものである①。また、この費用の中には、将来の再建設費や維持管理費も含まれているとのことである②。この費用が、民間の開発地での電線類地中化を妨げている大きな要因の一

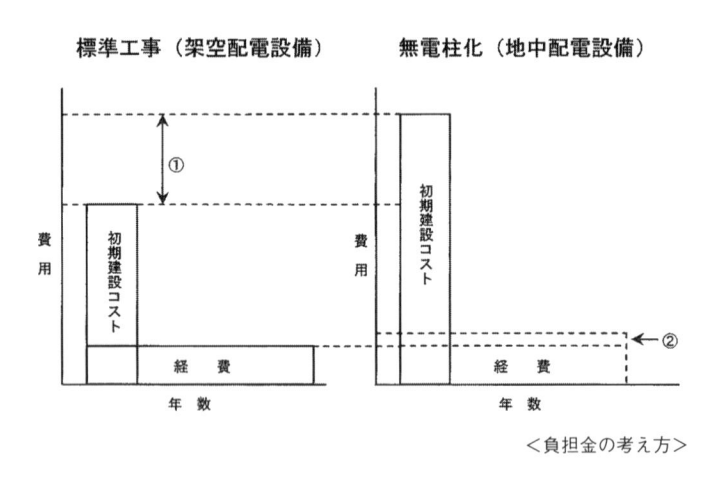

標準工事（架空配電設備）　　無電柱化（地中配電設備）

（図：費用と年数の比較。標準工事では初期建設コストと経費、無電柱化では初期建設コストと経費を示し、①は標準工事の初期建設コストと最大費用との差、②は無電柱化における経費上部との差を示す）

<負担金の考え方>

つといえる。

　今回のケースでは、負担金の金額については明らかにされていないが、おそらく、筆者の経験上から、20万円／戸程度と想定される。この金額は、電線類地中化の総事業費の約20％と大きな位置を占めることになる。逆にいえば、この負担金が半分になれば、電線類地中化に関わる費用が10％下がることになる。そういう意味でも、負担金に関しては、削減に関する何らかの施策が必要であろう。

　また、そのためには、負担金の大部分を占める、地上機器（トランス）や特殊部（ハンドホール）、地中ケーブルなどの、さらなる小型化・低コスト化を電力会社に期待したい。

（まとめ）

　今回のケースでは、参考資料のインタヴューにもあるように、開発事業者が当初から電線類地中化を想定したまちづくりを一貫して進めることで、全体のコンセプトの統一やそれに伴う、電線類地中化工事の円滑化が図られ、比較的総費用が抑えられた好例といえよう。それが結果として、付加価値の高いまちの誕生につながったといえる。実際に販売面でも好調だったとのことだ。

　90戸の新規住宅地開発で、電線類地中化に関してだけいえば、対象となっ

た戸数は50戸。その総費用は約5,100万円となり、1戸あたりに換算して約100万円強である。この費用は、50戸でみると、販売価格の2.4％となり、全体でみると、1戸あたりの販売価格の1.35％である。この金額を高いとみるのか、安いとみるのかは、これからの新規住宅開発地での電線類地中化の進展に現れてくるのであろう。

<完成パース（HPより）>

<現在の国見坂>

＜参考資料＞
開発担当者へインタヴュー
開発事業者：総合地所株式会社
　　　　　　　分譲事業本部　大阪分
　　　　　　　譲事業部
　　　　　　　プロジェクトリーダー
　　　　　　　主任　杉本　拓志　氏

＜杉本主任＞

Q、御社の住宅へのこだわりは？
A、やっぱり、お客様満足ですね。お客様に喜んでもらえることを第一に考えています。
　　次にデザインや街並みにもこだわっています。
Q、今回、大阪府枚方市津田山手で分譲される住宅地のこだわりは？
A、"絆"をテーマに、"ファミリーコンシャス（家族意識）"を大切にしています。
　　家の中に住む人がみんなで集まれる空間を作り、帰って来たくなる家をめざしています。
　　ここは、とくに高台にあり、眺望が素晴らしいということも大事な要素です。
Q、住宅購入者が今、家や街に求めていることは？
A、安心・安全は絶対条件でしょうね。それにプラスアルファでデザインや間取りも重要になってくると思います。
　　また、住宅の価格帯によっても違いますが、関西ですと4,000万円までの住宅では、価格も重要な要素だと思います。
　　それ以上の価格帯になると、デザインやまちづくりなどの要素が重視されるようになりますね。
Q、販売予定価格はどのくらいですか？
A、現在のところでは、4,100万～4,200万円を予定しています。
Q、なぜ電線類地中化をしようと思われたのですか？
A、住宅が売れなくなっていますが、その中で、いかに魅力を出していくか、

価値のあるまちづくりをしていくか、と考えたときに出てきたのが、電線類地中化なのです。

　無電柱化されていることで、お客様が住宅を選ぶということはないかもしれませんが、街を見に来られたときに"感じる"ものがあると思います。無電柱化はそういう価値をお客様に提供できると思います。

Q、電線類地中化を計画するにあたって苦労されたことは？
A、電力会社が乗り気ではないことですね。また、"負担金"というような、よくわからない費用を請求されることにも参りました。電力会社は、もっとお客様のほうを向いて、経営してほしいですね。電気代だけもらっていればいいという時代じゃないですからね。

Q、開発事業者からみた電線類地中化のメリット、デメリットは？
A、メリットは、街に付加価値を与えることができるということです。

Q、こんなことをしたらもっと地中化の街が広がるのではないかと思うことはありますか？
A、今回の物件で、防犯灯の設置が必要だったが、せっかくなら、それもない街にしたかった。

　しかし、自治会の問題や行政の問題で難しかった。たとえば、防犯灯の代わりに、地中埋め込み式のLEDなどを使って、"ほたるの街"などとすれば、情緒のある街ができると思います。そういう、新しいことがドンドンできれば広がると思います。

Q、今後の展望をお聞かせください。
A、ご承知のように、不動産業界はたいへんな時期に来ています。今は、じっくり構えて取り組んでいきたいと思います。また、街全体として魅力あるものにしていきたいと思います。

　また、住宅開発は"ものづくり"だと思います。隣近所、すべて同じような住宅ではなく、お客様の心に残る、"感じる"まちづくりをしていきたい。そのためには、電線類地中化は非常に有効だと思います。街に入るだけで、何か違うものを感じることができます。

（まとめ）
　今回の取材を通じて、デベロッパーのまちづくりにかける情熱を感じるこ

とができた。いい街を創りたい！　美しいまちなみを残したい！　という想いとは裏腹に、電線類地中化の複雑な仕組みや、安くないコストが、大きな障害として立ちはだかっている。

　これまでの、四角四面のまちづくりの発想が限界にきていることも確かだ。そこに安全・安心というキーワードやコミュニティ形成という本来のまちづくりが持つ機能を再評価し、具体化していこうという試みが感じられた。そして、その付加価値をさらに高める要素としての電線類地中化の重要性は、今後も高まっていくだろう。

第4章　電線類地中化事業の実際

ケーススタディ②
◆既成市街地
　東京都港区内マンション開発に伴う周辺の電線類地中化プロジェクト
　事業主：ペンブローク リアルエステート
　港区内のロケーションのたいへんよいところで、外資系不動産デベロッパーのマンション開発があり、場所柄、高級住宅地というイメージを最大限高めたいというデベロッパーの強い意向で、周辺道路の電線類地中化の計画が企画された。その企画段階から、実際の工事の施工までの過程を具体的に記述する。

4-4　事業主のまちづくりに対する考え方

　電線類地中化はまちづくりを行うに当って、必ず直面する課題となっている。その課題をいかに乗り越えていくのか？　その原動力となったのは何か？　そこには、事業主が主体のまちづくりに関する考え方が重要になってくる。

　今回の事例の事業主であるペンブローク リアルエステートの経営理念に下記の記述がある。

　　ペンブローク リアルエステートは、不動産価値の創出を使命として、グローバルな不動産投資お

＜電線類地中化する前の現地＞

135

よび不動産開発コンサルティングサービスを提供しています。当社はプライベートエクィティを長期的な価値が見込める優良物件に投資し、地域社会の活性化につながるような永続的価値のあるプロジェクトを推進することを理念としています。

＜中略＞

ペンブロークは、短期的なリターンを追うのではなく、長期的なビジョンを持った従来にはないタイプのデベロッパーです。当社は、成功の指標として、数字に表れにくい無形の要素も重視しています。ペンブロークは長期的視野に立って、利益を上げるだけでなく、不動産価値を高め、地域社会を活性化させるような不動産投資を行っています。　　（HPより引用）

これらの理念が示すように、今回の電線類地中化は長期的な視点に立っての不動産価値向上を目指すものであり、ひいては、地域社会の活性化に寄与するものと期待したい。この考え方が、今回の電線類地中化にこだわった理由でもある。結果として、この堅実な経営理念が原動力となり、行政や電線管理者など様々なステークホルダーからの協力を得て電線類地中化の実現に寄与した。

＜広報みなとの表紙＞

136

4-5 電線類地中化に向けて

　東京都港区は、「誰もが安全に、安心して、港区の多様な魅力を実感することができる快適で利便性の高いまちづくりを進めてまいります。駅やバス・旅客船ターミナルとその周辺のバリアフリー化を重点的に進めるとともに、放置自転車の一掃や電線類の地中化促進などにより、歩行環境のさらなる改善・充実を図ります」と現在の区長の施政方針の中で表明しており、電線類地中化には熱心な区といえる。また、電線類地中化を担当する土木課には地中化推進係というセクションも存在する。平成16年の区長施政方針の中には「街のバリアフリー化、都市防災機能の向上に加え、都市景観の改善を図るため、電柱を区内道路から一掃することを目指し、電線類の百パーセント地中化に取り組みます」とあり、電線類地中化にかける区長の並々ならぬ決意がうかがえる。「電線・電柱のない安全・安心な街へ」をキーワードに今後も電線類地中化を促進していく方針である。

<現地の現状（電線類地中化後）>

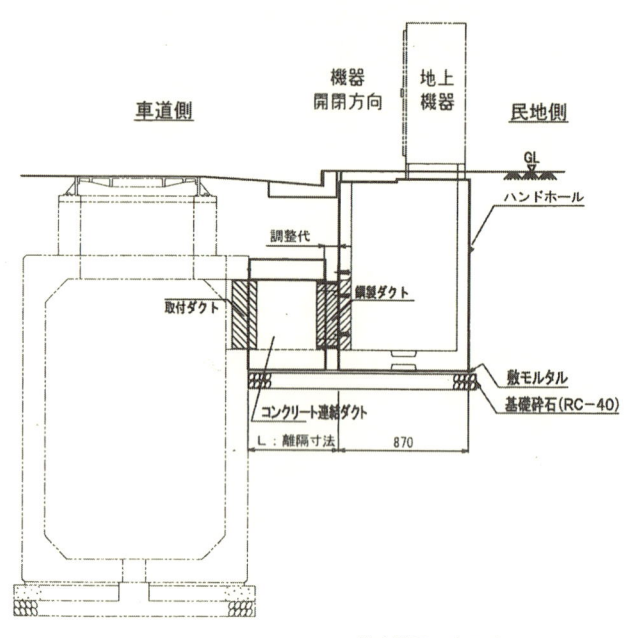

<地上機器の官民境界を示す図面>

　今回の電線類地中化の経緯は事業主であるペンブローク リアルエステートが2007年から港区内で計画していたマンション建設に伴って、周辺道路の整備として電線類地中化をしたい、という要望からはじまる。電線類地中化の竣工が2011年2月末（予定）ということからすると約4年の歳月がかかっている。
　事業者の提案によれば、電線類地中化を実施する上で、当該道路に歩道がなく、幅員の狭い道路（約5ｍ）であるため、地上機器（トランス）を車道上に設置したいという内容であった。区の方針として、車道上に地上機器を設置すると、車の衝突事故やこれによる停電の発生等が懸念されるため、原則的に地上機器の設置スペースが確保できない歩道のない道路では電線共同溝方式による電線類地中化は難しいと返答し、いったんは断った。港区としては、電線管理者による単独地中化であれば、なんら異存はなかった。しかし、電線管理者は、単独方式ではなく電線共同溝方式による地中化でないとこの事業には反対の姿勢であった。

このことから、港区および電線管理者は当該路線の地中化整備に難色を示したのである。しかし、それでもどうしても電線類地中化したいとの事業主の要望が強いので、それなら、地上機器を設置できる方法を事業主側で検討して持ってくるように港区から事業主へ指示をした。その結果、事業主の所有するマンションの敷地（民地）内に地上機器を置くという形で電線共同溝方式による電線類地中化を実施したいとの提案がでた。この際、電線共同溝の位置づけで整備するのであれば、地上機器の設置用地は公道上でなければいけないので、用地を道路用地に変更できないかとの打診が電線管理者からあったが、事業主としては不可能との回答だった。この件の詳細に関しては、港区が保管している「電線類地中化事業の施行に伴う電線共同溝に関する協定書」はあるが、東京電力と事業主との間の地上機器用地に関しての契約内容は守秘義務等から明らかにされていないので不明である。
　ちなみに、今回の電線共同溝の整備は国の電線共同溝法にのっとって行っているので、埋設された管路と特殊部（ハンドホール等）は道路付属物となり、将来的にも維持管理は港区の道路管理者が実施する。民地に設置される地上機器は東京電力の電力設備（公道上の地下部分は区のもの）であり、引き込み設備部分も同様である。埋設物の財産区分は官民境界で分かれている。この区分に関しては現在の電線共同溝方式による電線類地中化を進める上での一般的な形といえる。
　いったんは港区に拒否された電線共同溝整備が実施できることになった理由は、事業主のたっての希望が大きいという。それに加えて、先述した港区長の方針での区内100％電線類地中化があり、区としても条件さえ整えば協力したい状況であった。また、将来的には港区内に多く残る細街路での電線類地中化整備も視野に入れて、今回は、民間の活力を使った先進的な事例としてやってみようということで、港区としてのGOサインが出た。この時点でも、東京電力は自社の電線類地中化のメニューにない方法（民地を借用して地上機器を設置する）での実施はできないとの姿勢であった。

4-6　設計までの道のり

　前述のとおり、港区においても東京電力においても、今回のケースはきわめて異例のことで、通常であれば電線共同溝方式での電線類地中化の実現は困難なケースといえる。これは、行政や公益事業者としては当然の対応であろう。しかし、日本の電線類地中化が遅々として進まないのも、こういったところにボトルネックが存在するからである。港区としては、今回のケースは過去に事例がなく、まだ今回のような電線共同溝設備の管理体制のスキームができていないので慎重にならざるを得なかった、という。港区としても今回のような要請者負担（電線類地中化に関する費用を事業者が全面的に負担して行う）による電線類地中化ができるのであれば、望ましい形といえるのであるが、ケーススタディ①のような、開発地（民地）内での整備とは違っ

<民地内に置かれた地上機器>

第 4 章　電線類地中化事業の実際

<川越一番街商店街の民地内の地上機器>

て、今回は公道での電線類地中化というところが問題をややこしくしている。

　この要請者負担方式は、これからの電線類地中化を推進する上でも非常に重要になってくるのは間違いない。なぜなら、電線類地中化を阻む大きな要因のひとつにコストが厳然とあるからだ。そのコストをかけずに（行政が負担せずに）、公道が電線類地中化されるのであれば、まさに、一石二鳥といえるだろう。ただ、今回の場合は事業者が地上機器を設置する土地を提供する（貸す）という前提があったのでなんとか実現できたが、まだ多く残る細街路では、このような土地を提供してもらうのは、かなり困難である。いわゆる、電線類地中化に対する「総論賛成、各論反対」の典型である。要するに、街はきれいにしてほしいけれど、自分の土地を提供するのはいや、自分の店の前を工事されるのは客が減るかもしれないのでいや、となる。日本の電線類地中化が進まない原因のひとつといえる。

　筆者の知る中では、民地を提供して公道を電線類地中化した事例として、埼玉県川越市の一番街商店街がある。ここも、歩道のない2車線道路で、地上機器の設置場所に困った。約2年の歳月をかけて、店の軒先や医院のアプローチの花壇などの民地に置かせてもらうことを了解してもらったという。ただ、民地への設置となると、将来のメンテナンスなどの際に、そのつど、

電力会社が所有者に許可を取らなければならないなどで、なかなか実現にこぎつけないのが現状である。

そのような経緯を経て、事業主と電力会社が何度も交渉をして、事業主が所有する敷地へ地上機器を設置するという条件で、今回の電線類地中化が実現することとなる。

設計に関しては、道路は幅員5mと細街路であり、当然既設の管路が複数存在するはずで、多くの管路や構造物を埋設する電線共同溝としては、スムーズにはいかないケースである。し

＜ソフト地中化の事例＞

かし、このエリアが、高級住宅街ということもあり、ひとつひとつの宅地面積が広大のため、道路の延長の割に、電力の需要がそれほど多くないため、従来であれば地上機器が複数台必要になるところであるが、今回は2基で納めることができ、さらにその2基を一カ所にまとめて設置することができた。このことで、実現が可能になったといえる。実際、もう一カ所地上機器が必要となった場合、沿道に公共施設もなく設置場所はおそらく見つからなかったであろう。こういう問題は、これからの電線類地中化の課題でもある。この問題の解決策として、ソフト地中化方式がある。これは、街路灯の上部にスリムなトランス（柱状トランス）を設置するというもので、江戸川区平井の商店街などで実施されている。街の景観という観点でも、施工前よりかなりすっきりしている。道路幅員が狭く、歩道が設置できない細街路や、地上機器の設置スペースが確保できない商店街などでは有効であろう。

4-7　電線管理者との交渉

　今回は前述のとおり、行政としても、電力会社としても、異例のケースであった。そのため、当初から、電線共同溝方式による電線類地中化のGOサインが出るまでに、従来以上の時間がかかっている。しかし、事業主体が行政ではない要請者負担方式の電線類地中化の場合は、事業主としての事業の採算や工期が非常に重要なファクターになってくる。つまり、採算が合わなければ、事業そのものが成立しなくなるのだ。

　電力会社は今回の事例を「従来の枠組みから外れた特殊な事例」としている。こうした事例を見て、他地域でも同じような要望が起こることを危惧している。たしかに、今回の事例では、地上機器が通常であれば公的な土地に置かれるはずが、民地内に存在することで、川越市同様の問題が生じる。それ以上に、民地の所有者が代替わりしたり、所有者が変わった場合に、地上機器の撤去を求められる可能性がゼロとはいえないというリスクが内在するからだ。

　今回はあくまでも特例ということで、電線共同溝方式による電線類地中化が実現した。

＜電線類地中化の施工状況①＞

4-8　全体のプロジェクトマネジメント方式

　今回、民間事業者による電線類地中化のため、要請者負担方式が適用され、電線類地中化に関する事業費はすべて事業主が負担することになる。このため、事業主としてはコストの削減が至上命題であった。電線類地中化に関しては、従来、電線事業者である電力会社やNTTに相談をして、想定外の費用に断念するというケースが後を絶たない。たしかに、電線類地中化にはコストがかかる。しかし、やり方によっては、コストを抑えることも可能である。そのひとつの方法と

＜電線類地中化施工状況②＞

して、今回は事業主と同じ外資系のボヴィス・レンドリース・ジャパン㈱の協力を得てプロジェクトマネジメント方式を採用した。同社の参画によって、それまで、なかなか進展のなかった電線類地中化への道筋が拓くことになった。この方式により従来の総合建設業としての枠組みから、それぞれの得意分野に特化した業者選定を行い、コストを最小化することに注力したプロジェクトマネジメントが可能になった。これにより、従来型の一括発注形態よりも全体としてのコスト削減が図れたという。今後も、こういった方式が採用されるというのが業界のトレンドとなるであろう。

＜地上機器内部＞

4-9　実際の施工上の問題点

　実際の施工にあたって、多くの問題が発生した。電線類地中化を実施する際にはよくあることであるが、今回はそのほとんどが住民対応である。このエリアは、事業主もそうであるが、外国人が多い。そのため長期の休暇や不在などがあり各戸への対応に多くの時間がとられてしまったという。また、敷地の大きな家のなかに、文化財級の建物があり、工事に伴う振動での影響が懸念されたりして、工事そのものに多くの制約ができた。そのため、施工方法や施工日が限られたりして、工程管理に大変苦労したとのことである。

　施工に関して、港区は事業主からの要望にのっとり、事業者負担（事業主の自費での施工）による電線共同溝の整備を了承した。さらに電線共同溝の構造は東京都電線共同溝整備マニュアルを遵守して行うこと、そして、（共通の認識を持つため）電線管理者からの要請である「電線共同溝に関する協定書」を取り交わすことを承認した。また、今回の整備費用に関して、通常電線共同溝を実施する際に徴収している電線事業者への建設負担金は徴収していない。つまり、電力会社や通信事業者などの費用負担は従来の電線共同

溝と比べても軽減されている。そういう意味でも、要請者負担による電線類地中化は事業主の要請があれば、今後も推進されるべきものであろう。

現在、電線共同溝の設備は港区の土木課が管理を担当している。将来的な電線共同溝の設備の管理については、今後協議することにしている。

4-10　大まかなコスト

コストに関しては、民間企業による電線類地中化であるため、なかなか公表してもらえないのが現状である。整備延長が308ｍであり、おそらく50万～80万円／ｍ程度の費用がかかっていると推測する。このエリアの土地価格が430万～460万円／坪程度（2010年の路線価を基に推測）ということを考えると、投資効果としては有効ではないだろうか。とくに、港区は外国人が多く居住するエリアでもあり、当該地区も例外ではない。海外から来た外国人が日本の空にはびこる電柱や電線を見て驚くというのはよく聞く話だ。そういう意味でも、この地域で電線類地中化を実施したということは、外国人でしかも、高額所得者の住居として選択される優先順位はあがるのではないだろうか。

4-11　課題

今回の課題は、何といっても地上機器の設置場所である。多くの行政で電線類地中化する際の地上機器設置場所が問題となり、進まないケースが多々ある。必然的に求められるのが、全地中化である。つまり、地上機器など地上に露出する設備がなく、すべてが地中に埋設できるという方式だ。待望されるが、ここでもトランスが問題となっている。現代の日本の技術力をもってしたらトランスの地中化は不可能ではないと個人的には思うが、一向に進む気配はない。今回の港区においても、区から東京電力へ全地中化のための技術革新をお願いしているが、東電側からの回答は、地中に設置することによる水没の問題、湿気や温度管理問題等での課題が多く残るのが現状とのこ

とである。近い将来、実現は可能であるとは思うが、遅々として進まないのが現状である。全地中化が難しくても、"半地下"なら可能ではないだろうか。地上部分の出っ張りが半分になれば、圧迫感もかなり少なくなるだろう。また、地上機器のさらなる小型化にも技術革新をお願いしたいところだ。

4-12 完成後の住民の反応

　本書の原稿執筆時点で現地へ行ったところ、電柱電線は撤去されて、最後の舗装工事を施工しているところであった。そのため、住民の方からはまだ完成というイメージは持ちにくいと思われる。電線類地中化は、長く住んでみてその本当の価値を実感できるものであるし、街への愛着も出てくるものであろう。今後じわじわ実感が湧いてくると思われる。
　実然に住んでおられる方の話では、電線類地中化工事がされて、電柱電線が視界からなくなることで、景観がすっきりし、視野が広くなったと好評であった。電線類地中化はもっと広がるべきだともいっている。また別の住民は車で移動することが多いが、道がすっきり広く感じるし、運転しやすい、と話している。施工面では、かなり苦労をした事業であったが、住民の方の反応はよいようである。

4-13 資産価値の向上

　港区の電線類地中化率は区道約220kmのうち16％（平成22年10月時点）となっている。これは千代田区、中央区と比べても低い数字だ。今後は、今年の広報みなとの1面にもあるように電線類地中化を推進して街の価値向上を図りたいとのことである。港区の基本計画（2009年度〜2014年度）では2014年度末までに7,988ｍの電線類地中化を計画している。また区としてはそれ以外でもできるところは粛々とやっていくとともに、区内での開発行為の際には積極的に電線類地中化を実施してもらう方針だ。港区開発事業に係る定住促進指導要綱の中で3,000㎡以上の敷地面積の開発事業を行う場合は、

<東京都内における道路管理者別無電柱化率> (%)

	区部				多摩地域
	区部全体	都心3区			
		千代田区	中央区	港区	
直轄国道 (※2)	82	100	100	89	17
知事管理道路 (※2)	29	93	83	52	13
区市町村道	3	25	31	15	1

（2006年　東京都調べ）

(※2) 直轄国道・知事管理道路…道路法で定める道路のうち以下のもの。

道路の種類		道路管理者	備考
一般国道	直轄国道（指定区間）	国	
	補助国道（指定区間外）	都道府県及び政令市	知事管理道路
都道府県道		都道府県及び政令市	

<東京都の電線類地中化>

公共施設を開発事業者に設けてもらうようにしている、というものがあり、公園や歩道などがこれにあたる。これは地域貢献という意味合いもあり、電線類地中化の整備を実施してもらうこともある。

この例として、区内のマンション建設計画の中で、地域貢献という名目で、マンション前面の公道を地中化するという事例がある。電線類地中化にかかる費用はデベロッパーが負担する。デベロッパーにとっては少なくない費用負担を強いられることになるが、それが、マンション周辺の街の価値向上につながり、マンション販売への好影響、また住民の満足度向上など、目に見えないプラス効果は期待できるのではないだろうか。

電線類地中化が日本で有効な街や土地の資産価値向上策として認められるには、まだ時間がかかるかもしれないが、今回のような試みが各地で行われることで、いずれは認知されるに違いないと考える。

4-14　まとめ

今回の事例は、日本の電線類地中化においてもきわめて特殊なケースである。民地に公共施設を設置するというのは、尖閣諸島（民間人が所有）ではないが、大きなリスクを伴う。しかし、そこに住む住民や街並みのことを考

<電線類地中化された街並み>

えれば電線類地中化の推進は、将来の日本にとっても必要不可欠のことであると考えられる。では、我々はどちらを選択すべきなのか？　目先の利益？それとも将来にわたっての街の付加価値？　こうした議論はだれの目にも明らかであるが、それを甘受できるかどうかは、その時の住民が決めることであろう。今回の事例はそういう意味でも、貴重な事例といえる。あえてこの事例を取り上げたのもそこに意味がある。また、今回は特殊な事例でありながらも、行政、電力会社、通信事業者、プロジェクトマネジメント会社、施工会社などの協力があって実現できたことも特筆したい。日本の空から電柱電線が消えて、美しい街並みが実現するまで、私たちの活動は終わらない。

取材協力
　　　　東京都港区　街づくり支援部　土木課土木計画係　池端　隼人　氏
　　　　ペンブローク　リアルエステート　ジャパン
　　　　　　　　　　シニアプロジェクトマネージャー　石川　洋　氏
　　　　ボヴィス・レンドリース・ジャパン株式会社
　　　　　　　　　　シニアプロジェクトマネージャー　平川　正毅　氏
　　　　　　　　　　プロジェクトマネージャー　六本木　順　氏

ケーススタディ③
◆既成市街地商店街
大阪府三島郡島本町桜井1丁目　JR島本駅新設に伴う駅前広場およびメインストリートの電線類地中化について
　JR島本駅周辺地区（大阪府島本町）整備方針
　目標：JR新駅を核に、交通環境改善による利便性の向上とともに、歴史
　　　　資産の保存・活用による魅力ある駅前環境を創出
　府道桜井駅跡線：延長150m（両側）　幅員　16m　全体事業費　5.5億円
　府道西京高槻線：延長30m　　　　　　幅員　9.5m　全体事業費　0.26億円
　JR島本駅前広場：4,200m²　全体事業費4.33億円

4-15　電線類地中化に至る経緯

　島本町は大阪府の北東端にあり、京都府との府境に位置している。南東部に、桂川、宇治川、木津川が合流し、淀川となっている。町域の約7割を山地が占める自然豊かな土地だ。その山地を潜り抜けた水は、大阪府下で唯一の「名水百選」に選ばれている。このためサントリーがこの地を選んで、日本初のウィスキー蒸留所である山崎蒸留所がつくられている。ちなみに、島本町の水道水は、地下水を9割使用しており、水がおいしいまちとして知られている。

　一方、古くから交通の要衝として栄え、町内には、国道171号線、東海道新幹線、阪急京都線、JR東海道本線、名神高速道路といった主要幹線が通っている。大阪と京都の中間で交通の便がよく、また良好な生活環境から、ベッドタウンとして発展しつつある。

　今回の事業の発端は、JRの新駅設置計画である。JR東海道本線が町内を通っているが駅がなかったので、以前（昭和36年最初に島本町から旧国鉄へ陳情している）から新駅設置の要望があった。それがなかなか実現しなかったのがようやく平成15年3月にJR西日本と島本町とで調整がつき、基本協定書を締結。やっと今回の新駅が設置されることになった。実に最初の陳情から42年もの歳月が流れている。平成16年8月に都市計画道路桜井跡駅線（駅

第4章 電線類地中化事業の実際

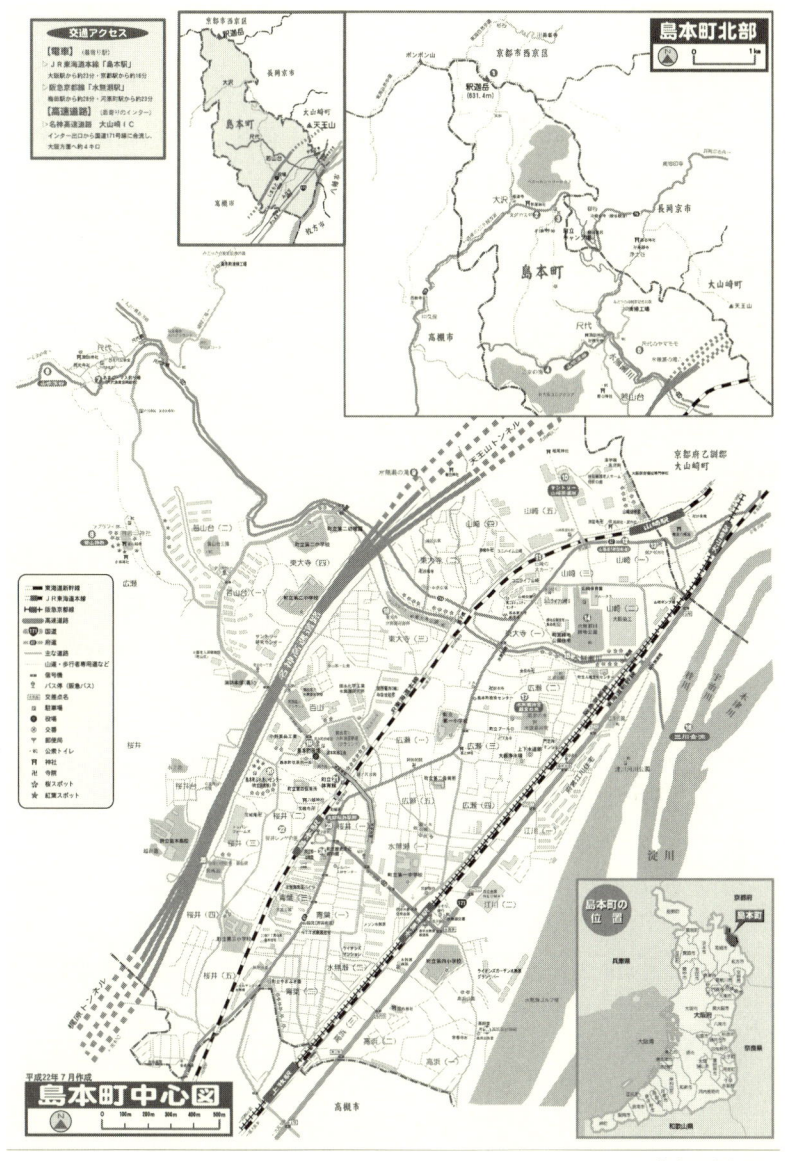

<島本町中心図>

前広場）の事業認可を取得。それに合わせて、島本町が駅前広場の整備を行い、大阪府が府道桜井駅跡線の整備を行うことになった。

　対象エリアは、以前から駅前広場を含めて、阪急水瀬駅から北西に山側に伸びる府道桜井駅跡線（都市計画道路）が都市計画（平成15年8月に決定）となっていた。

　現地の着工は駅前広場が平成17年3月。7月には府道桜井駅跡線の拡幅整備に着手した。もともと現道が幅員10mに満たない2車線の道路だった。そこにシンボルツリーである立派に育ったクスノキが歩道の真ん中を占めており、歩きにくく、車いすが通れない状況だった。そのためバリアフリーの観点からも、歩道拡幅の要望が住民から多くあがっていたという。

　この道路は、国道171号線から北へ入る、島本町のメイン道路の北端に位置し、阪急水瀬駅を通って、新駅の駅前広場へ通じる道路である。そのため幅員を16mに拡幅し、片側4.5mの歩道を設置してメインストリートに相応しい道路にしようという計画になった。結果として、島本町内で最も広い歩道を有するメインストリートが誕生することになった。

　当初この路線の電線類地中化は大阪府のマスタープランや国交省の電線類地中化5カ年計画にも入っていなかった。それを、駅前のメインストリートにふさわしい景観を作ろうということで議論をした。ここは、新駅の奥に山並みが望めるロケーションのよいところなので、電柱や電線が残っているとよくないとの意見が多く、この路線は電線類地中化が必要との結論に至り、平成16年に電線共同溝法の路線指定を受けることになった。

　それから、現道の歩道の撤去や、それに伴うクスノキの移設などを順次行っていった。ちなみに新駅予定地に隣接して、国の指定史跡の桜井駅跡がある。ここは、楠木正成ゆかりの地で、そのため、沿道にはクスノキが植えられていた。

　電線類地中化に関する工事は17年度末（18年3月）に契約しており、現場の着工は平成18年度に入ってから行っている（事業年度は平成16年～19年度）。

第４章　電線類地中化事業の実際

<桜井駅跡史跡>

<JR 島本町駅舎>

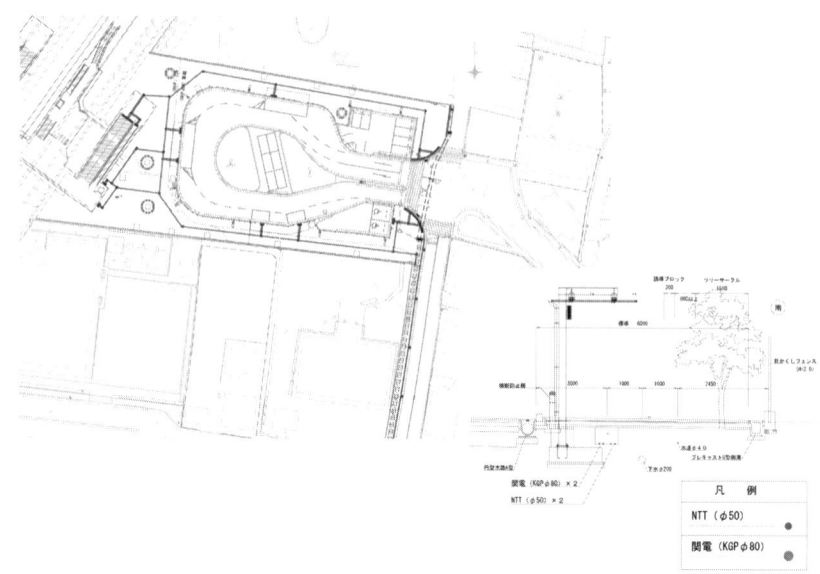

<駅前広場平面図>

4-16 まちづくりに対する考え方

　まちづくりに関しては、新駅を核として、メインストリートである府道桜井駅跡線の拡幅整備による交通環境の改善と住民の利便性の向上、隣接する歴史資産との調和・活用により、魅力あるまちづくりを目指している。

　歩道部分の表層仕上げに関しては、通常アスファルト舗装または、インターロッキングが一般的で安価だが、今回は島本町が整備した駅前広場との統一したイメージにすることを重視して、同じデザインの30cm角のインターロッキングを幅員4.5mの歩道（府道）でも採用。全体として統一感を出している。費用面でも、従来の大阪府の標準スペックよりもいいものとなっている。車道でも駅前広場と府道部分で同じ舗装材を使用している。また、設計段階で島本町と大阪府で協議を繰り返し行い、地中配管の取り付け位置などの調整を行った。歩道に植える街路樹は地元の意見を取り入れて、これまでと同じようにクスノキを植えた。

　駅前広場には元は大阪府立「青年の家」（平成13年3月廃止）があって、

一般府道桜井駅跡線　計画平面図

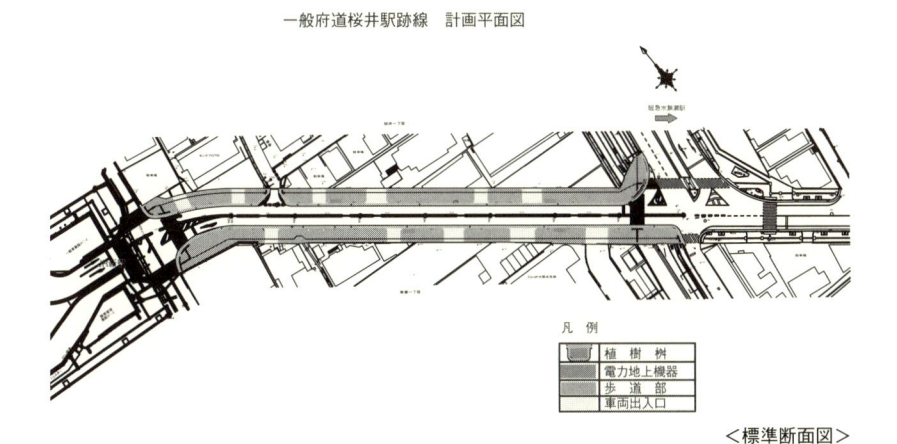

凡例
植樹桝
電力地上機器
歩道部
車両出入口

<標準断面図>

　クスノキがたくさん植わっていたが、駅前整備に伴い、やむなく何本かは撤去したとのこと。現在はシンボルツリーのみを残している。JR島本駅は背景に山並みがあって、それが映えるよう心がけ、駅庁舎も山並みをイメージしたデザインを採用している。また、隣接する桜井駅跡などの史跡も生かして、まちなみづくりに取り組んだ。

　将来のまちづくりのビジョンとして「島本町の今後の発展を促し、活気あるまちづくりを推進するとともに、島本町の新たな玄関口の役割を果たす」ことを目指している。このまちづくりを、現在策定している第4次島本町総合計画案にもつなげていく考えだ。

4-17　電線類地中化の実施における問題点

　電線類地中化を進める上で、一番苦労したのが工程管理である。新駅の開業は18年度末を目指していたので、そこに向けてスケジュールの調整を行ったが、結果的には19年度末に伸びてしまった（平成20年3月15日に開業）。
　とくに、スケジュール的にきつかったのが電線管理者との調整である。随時協議しながら進めていたが、思うようにレスポンスがもらえず、苦労したとのこと。また、沿道の各戸への引き込み配管も本線と併せて進めていっ

たのだが、立ち上げ位置などを住民から了承をいただくのにかなり時間がかかった。また、電線類地中化に伴う、周辺道路への建柱を関西電力に依頼したが、これも希望どおりのスケジュールでは施工してもらえなかった。関西電力は組織も大きく、地中化と建柱の担当部署が違うので、その辺の連絡調整がうまくいかないことによる遅延もあった。逆にNTTに関しては、子会社が窓口で一括して対応してもらったので、比較的うまくいった。

　いずれにしても、電線管理者の対応が遅いのは、電線類地中化における、大きな問題点のひとつである。おそらく筆者の実感からしても全国の9電力すべてに共通する問題であろう。

　電線類地中化の施工後の抜柱でもたいへん苦労した。本来なら、新駅の開業前に道路整備後すぐに電柱を撤去してもらうのだが、関西電力との調整で、どうしても開業後になるのは避けられそうにないスケジュールだった。しかし、いろいろな働きかけの結果、当初の開業から1年以上かかる予定を早めてもらうことができた。

　実際、電線類地中化において、抜柱は大きな問題となっている。電線類地中化の工事は終わって、ハンドホールも収まり、ケーブルも入線されて、共用も開始しているのだが、はだかの電柱だけが無残にも残されているケースは多い。しかも、数年間もそのままになっていることもある。筆者がお手伝いしたところでは5年以上もそのまま電柱が残っていた。これでは、地震などが来れば、災害に強い街が、危険な街になってしまいかねない。このあたりは、明確なルール作りが必要であろう。

　今回の事業の中で電線類地中化に関して、電力会社との見解の相違があった。それは、当初、都市計画区域の民地内の電柱が残る可能性があったということだ。結果的には、なんとか撤去してもらうことができたが、大阪府としては電線類を地中化する区域なのであるから、当然、すべての電柱や電線は撤去されるべきものと考えていたが、電力会社は、電柱が公道ではなく民地内にあることで撤去しないという考えだった。たしかに、間違いではない。この話を聞いて、改めて、景観というものの考え方の難しさを実感したという。つまり、電線類地中化は背景の山並みを生かして、美しい景観を創るために実施することが目的であるのだが、工事という観点から見ると、決められた部分の電柱と電線を埋設するのが電線類地中化ととらえられてしまう。

その結果、駅前の景観上もたいへん重要なところに横断線が残るということが、工事を実施する中で電力会社との協議で判明した。それは、先程の目的からも大きく外れるので、なんとかお願いして撤去してもらったが、景観というものが、いかに軽視されているかということがわかるエピソードである。

4-18 地元との調整

　道路拡幅工事については、とくに地元住民と調整することはなかった。事前に行った地元住民への説明会でも、無電柱化に関しての説明を行ったが、それに対して反対する人はいなかった。また、従来の電線類地中化では、公道上の本線管路や特殊部から、各戸への引き込み位置、管路立ち上げ位置などについて、住民との調整が難航するケースが多いが、引き込み管路に関しては大阪府と電線管理者とで一括して委託する基本協定を結んでいる。各電線管理者は、直接住民と調整をして、引き込み位置や工事時期などを決めることになるので、間に行政の担当者が入らない分、住民にとっても、電線管理者にとっても手間が省けることになる。

　その他、新駅の建設に伴って、線路の敷地が広がることになり、民家に接近するので、それに対する反対があった。しかし、粘り強く交渉することで、結果的には計画通りで納得してもらうことができたのはよかった。今回の鉄道施設の事業費はJRと折半となっている。

　新駅の設置に伴う都市整備計画の中で、ＪＲ島本駅周辺交通環境改善計画策定懇談会の設置をあげており、住民参加の事業運営を実践している。これらの懇談会であげられた意見で、実施可能なものについては、事業に反映させていった。

4-19 工事の実施

　現在、駅前広場のエリアの南東角（町立歴史文化資料館）に、引き込み用の電柱が１本建っている。駅舎への電力を供給するためのケーブルを地中に

引き込むためのものだ。この電柱に電気を供給しているのが、3ｍほど南にある電柱だ。この電柱に電気を供給しているのが、数ｍ南側にある電柱だ。そのすぐ南側にももう1本新設されている。電線類地中化をする際に、メインの道路を無電柱化して、裏道や側道に電柱が増えるというのはよくあることであるが、今回は、歴史的な建造物の真正面と、その横に電柱が密集しているという事態になっている。これは何とかしてもう少し、後退するか、正面だけは地中化するか、してほしかった。

　場所は、阪急水瀬駅からこの新駅に向かう目抜き通りである桜井駅跡線の西の端だ。駅前広場へ向かう道路からは少し奥まったところにあるので、それほど目立たないが、逆に新駅から水瀬駅へ向かう際には、かなり目立つ電柱だ。島本町の担当者はせっかくなので、その電柱も地中化を要望したが、工期やコスト、現地の状況など、様々な要因から、現状のようになったとのこと。新駅開業の期日も決められており、この部分を地中化するための各方面の協議が間に合わなかったという。非常に残念である。正に画竜点睛を欠くといえる。

　たしかに、電線類地中化を実施する電線共同溝工事は、関係するステーク

<残った引き込み柱>

158

ホルダーが多く、その調整は難航する。また、電力の配管など、技術的な制約も多く一筋縄にいかないのが現状だ。さらに、今回のケースもそうだが、整備区域がわかれていたり、事業主体が異なっていたりするとなおさらだ。しかし、ここには、まちづくりの視点が欠落している。この事業は何のために行うのか？　まちを整備して、景観をよくしたり、住民が快適に通行でき、まちが活性化することが目的である。電線類地中化においては、この高い視野に立って事業をプロデュースする専門家と仕組みが必要である。

4-20　工程管理

　電線共同溝を設置する前に、水道・下水・ガスの移設を同時に行いながら、また、道路を作りながらの工事だったので、各企業の工程調整にたいへん苦労した。しかも、現場区域への工事車両用の進入路がひとつしかない。そのため、工事が重なって工事車両が増えると、工事の調整が難航した。大阪府と島本町との工程調整も何回も行ったが、思うようには進捗しなかった。

　拡幅道路には4.5mの歩道を確保する計画だったが、電線共同溝と、その他の埋設物（ガス・水道・下水道）をすべて歩道に入れるので、これら管路の埋設場所の取り合いでかなり苦労した。下水道管は勾配が重要なので、移設はできない。水道やガスはその特性から、比較的柔軟に配管を曲げたりすることができるが、電線に関しては、配管の中にケーブルを通すことになるので、急な曲げ加工ができない。また、保護的な意味合いから、鉄製の配管を使用したりと施工性も悪い。そのため、現場の施工会社は大変苦労したようだ。とくに場所をとる特殊部（W1,200mm × H1,250mm × L3,600mm）を設置するのが大変だった。実際には現場で設置位置を微調整しながらの施工になった。また、これだけの埋設物が入るので、特殊部と他の埋設物との離隔（間隔）の確保も難しかった。どうしても既定の離隔が取れない個所も出てきたが、柔軟に対応せざるを得なかった。今回、特殊部の設置にあたっては大阪府の標準仕様の材料を使用していたので、小さな特殊部よりも工事期間も長くなり、その間の掘削孔内の養生など安全面にも気を遣うことになった。

<施工状況>

4-21 電線類地中化にかかるコスト

 府道桜井駅跡線全体としては、電線類地中化の部分(道路美装化は含まない)の建設コストは約1億円(150m×両側)、1m当たり約33万円となった。今回は島本町の道路拡幅工事と併せて施工できたので、大阪府としてのコストを下げることができた。このように、道路工事や下水道工事、側溝の改修工事などと併せて施工することで、電線類地中化のコストを削減することができる。ちなみに、埼玉県川越市の蔵のまち一番街商店街では、市の下水道工事と併せて電線類地中化の施工を行ったので、商店街の実質的な金銭の負担はなかったという。
 電線共同溝法にのっとって、行政が電線類地中化を実施する場合、電線管理者は建設負担金を支払う必要がある。当時の負担金は、50.5万円／km。こ

平成21年3月現在

JR島本駅設置事業費内訳表

(単位：百万円)

施設種別		鉄道施設		都市施設				事業費計
				町施行事業		府施行事業		
		施設名	事業費	施設名	事業費	施設名	事業費	
施設内訳		駅部(駅舎・ホーム等)	1,806	自由通路	705	府道桜井駅跡線	550	
		路盤部(線路移設)		駅前広場	521	府道内高槻線	26	
				西側道路(町道桜井50号線・百山3号線)	224			
				自転車駐車場(東側)	218			
				史跡桜井駅跡・公衆便所・電線類地下埋設施設・防火水槽ほか	73			
事業費計		駅設備	1,806		1,741		576	4,123
財源内訳		国庫支出金(まちづくり交付金)	271	国庫支出金(街路事業補助金・まちづくり交付金)	699			970
				府支出金(振興補助金)	7			7
				起債	709			709
		一般財源	632	一般財源	326			958
		うち旧町営住宅跡地売却収入	(577)	うち旧町営住宅跡地売却収入	(271)			(848)
		その他(JR西日本負担)	903			その他(大阪府)	576	1,479

＜事業費内訳＞

の金額に条数を掛けたものが建設負担金となる。これは、全体の金額からするとほとんどないに等しいといえる。さらに電線類地中化5カ年計画が進む中で徐々に負担率は減ってきている。ただし、上記の建設コストとは別に抜柱や入線などについては各電線管理者負担となっている。

4-22　まちづくり交付金

　今回の事業は島本町が国土交通省にまちづくり交付金の事業として申請しており、対象事業となっている。事業名は「都市再生整備計画（JR島本駅周辺地区）」である（この整備計画は島本町のHPでも公開されているので興味のある方はご覧ください）。この中に整備方針が3つあげられている。
　整備方針1　JR新駅の設置
　整備方針2　都市基盤施設の整備
　整備方針3　歴史的資産の保存・活用
電線類地中化はこの整備方針2の中に次のようにうたわれている。
　＜前略＞さらに、電線類の地中埋設による無電中化（原文のまま）により、安全で快適な歩行空間の確保及び都市景観の向上などが図れる。

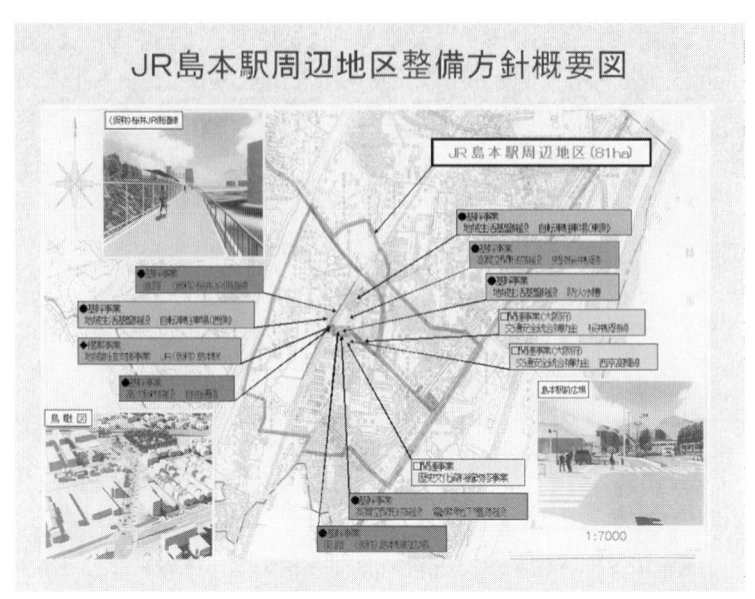

<整備方針概要図>

　ここに、新駅周辺の整備の目的が見て取れる。この計画が採用され、事業費にまちづくり交付金が充当されることとなった。
　また、まちづくり交付金は市町村への補助事業なので大阪府の整備した府道部分は対象外となっている。府の事業に関しては、国庫補助事業として交通安全統合補助金が適用された。関連事業として、島本町が整備した街路事業（交通結束点改善事業）も国庫の補助事業となっている。

4-23　事後評価について

　まちづくり交付金の交付対象事業は、事後評価を報告する義務がある。その中では、特筆すべきものはないが、今後のまちづくりの計画について、具体性がみえにくいという面での課題が指摘されている。現時点で、島本町では第4次総合計画策定中とのこと。この中に、まちづくりのことが具体的に盛り込まれるであろう。また、今回の駅前整備は駅の東側を中心に開発を行っ

第4章 電線類地中化事業の実際

<島本町全体>

<島本駅西側>

— 163 —

たが、駅の西側については、まだほとんど手がつけられていない。駅西側の土地利用のあり方の検討が重要であろう。

　また、島本町として住民アンケートを行っている。「新駅ができてよかったですか？」と聞いた。結果は「はい」83.8％、「いいえ」11.7％となり、8割強の住民が賛成している。この結果から見る限りは、新駅は住民に歓迎されており、利便性向上などに寄与するものと考えられる。逆に反対の意見はおそらく、新駅から遠い方ではないだろうか。

　工事終了後に、大阪府の担当者が沿道の方々へ挨拶をしたが、その際、道路が広がってよかったという感想をもらった。また、今回の整備計画の実施後に、苦情もないことから、おおむね住民の方々には、ご理解いただいているのではないかと思うとのこと。

4-24　これからのまちづくりについて

　電線類地中化された府道桜井駅跡線の沿線エリアは、第１種住居専用地域であったが、現在、近隣商業地域に用途変更された。これでJRと阪急の駅間を結ぶようになったので、今後はこのエリアに商業施設の立地促進を図っていきたいと考えている。また、阪急水瀬駅の東側に、500戸超の大型マンションが建設され、2010年の9月から入居が始まっている。このマンションの売り文句も、阪急だけでなくJR駅も利用できるという利便性だった。現在は、島本町の人口は漸減で推移しているが、今後少しずつ増えることも期待している。新駅がまちの活性化につながればと考えている。

　また、現在は散在する住宅や農地が多い新駅の西側の土地利用についても地権者と意見交換しながら考えていきたいと考えている。そのためのまちづくり勉強会を開催し、地権者に集まってもらっている。駅西側は駅前という潜在的な可能性を活かし、今後のまち全体の発展のきっかけとしたいと考えている。

　島本町は、人口3万人弱の小さなまちである。そのまちが新駅をきっかけに、まちの活性化を推進したい、と強く思っている。そのことを今回話を伺う中で強く感じた。また、府道を整備した大阪府も独自に「大阪ミュージア

＜電線類地中化する前と後の府道桜井駅跡＞

ム構想」を掲げ、まちの魅力アップに取り組んでいる。その中で、どうしても、ボトルネックになるのが、景観としての電線類地中化である。コストもさることながら、その専門性から、なかなか導入に踏み切れないのが現状であろう。また、今回のように、期間とコストの関係で、整備した区域内に電柱が残るといった悲劇は、後を絶たない。しかし、3万人の小さなまちでも、熱意があれば、電線類地中化は実現するのである。

取材協力

　　　　　大阪府都市整備部　総合計画課　地域・施設計画グループ
　　　　　　　　　　　　　　　　　　副主査　若元　洋樹　氏
　　　　　大阪府島本町　上下水道部　工務課　　課長　今中　良昌　氏
　　　　　　　　　　　都市環境部　都市整備課長　谷川　清　氏
　　　　　　　　　　　　　都市整備課　主査　梅若　英夫　氏
　　　　　　　　　　　総合政策部　政策推進課長　近藤　治彦　氏

Column #4

電柱なくして、すべてが往来

　明治の頃、割木屋のご隠居、幸助さん（通称「どうらんの幸助」、"どうらん"といってもワチャクチャな"動乱"ではなく、腰にぶら下げる革製の袋の"胴乱"のこと）にとって、喧嘩が道を歩く障害だった。
　まっ、些細な喧嘩にぶつかって、「その喧嘩、預からしてもらいまひょ」とするのを楽しみにしていたわけでもあるけどね。

　現代日本の都会で往来の邪魔の第1位は、駅前広場、地下鉄出入口付近の歩道の駐輪、放置された自転車だ。2番目も自転車。歩道を携帯電話かけながらみながら疾走するママチャリだ。
　次は何だろう？
歩道いっぱいに広がりおしゃべり歩きのおばさんグループかな。それとも、道に出っ張る電柱かな。狭い歩道、大型車がぎりぎりに通る道ならなおさらだ。歩みを止めて電柱の陰にへばりつき車をやり過ごすしかない。おぉ怖い！

そんな邪魔ものの電柱を街並みからなくしたらという話をしたら、

　電柱がなくなったら、狭い道でも歩きやすくなるね。
　　道の上空から電線も消えるし、スッキリ爽やかな街並みだね。
　歩道から電柱がなくなったら、車椅子の方もスムーズな通行が可能、安心だ。
　街のバリアフリーの第1歩。
　　安全で快適な歩行空間の確保が無電柱化の効果でもある、というわけ

だ。

ここで突然に、なぜか胴乱の幸助さんが口を挟む。

 なに！　電柱（殿中）の喧嘩、「由良之助か！　待ちかねたぁ〜〜」は、ワイの手に負えまへん。
 預かり知らぬ。ワイのお相手は、町衆と犬の喧嘩。

さらになぜか、そこに丁稚の定吉。
 仮名手本忠臣蔵四段目の「待ちかねた」のさげは「蔵丁稚」、
 胴乱の幸助はんは、桂川連理柵のお半長、
 さげは、「しもた！　遅かったか！　汽車にすれば良かった」でおます。

話がややこしくなってきてしまった。納まりはどうするの？

じゃ、ここらで、

 電柱がなくなれば、景観スッキリ、歩行スムーズ、バリアフリー。
自転車問題が片付けば、
    すべてがOK、オーライ（往来）！

 あんのぉ〜、歩道いっぱいに広がるおばはんグループは？
 オォこわ！　それは、ワイの預かり知らぬことにさせてもらいまひょ。

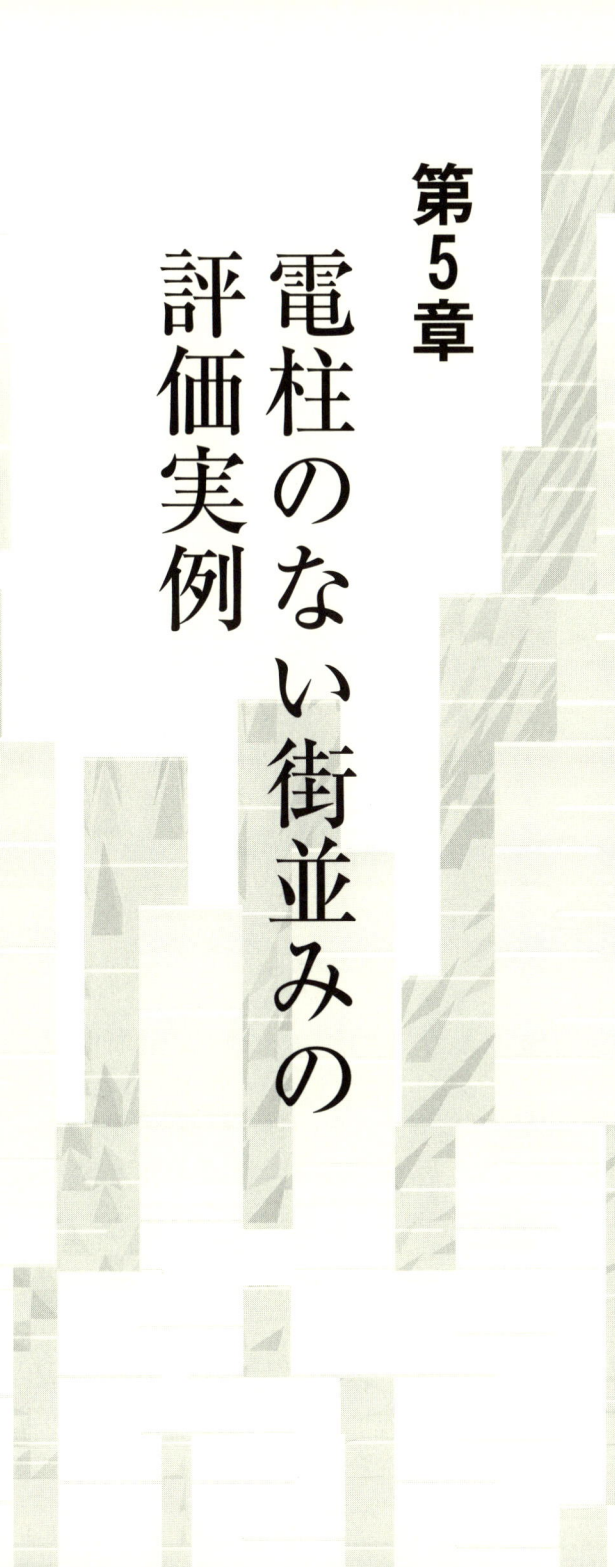

第5章 電柱のない街並みの評価実例

日本人の原風景である電柱のある街並みは、外国からの来訪者にとり奇妙なものである。日本には3,300万本を超える電柱があるといわれ、どこの都市に行ってもそれだらけだ。ところがロンドンにもパリにも電柱がない。おもちゃ箱をひっくり返したような、と形容される雑然とした都市、香港にも街中に電柱は見あたらない。なぜ日本は電柱大国なのか等の政策的な議論もあるが、本稿は電柱のない街を資産価値的な側面から調査研究した成果を報告するものである。

　電柱のない（広義の「無電柱化」）街並みを分類すると、表通りから電柱をなくし、見た目電柱がない街並みにする形態で、建物の裏手に電柱を配置、または家屋の軒裏に電線を配線するという狭義の「無電柱化」がある。別の形態として電線類（電線、通信線等）を地中に埋設する「電線類地中化」がある。前者は伝統的建造物保存地区などの古い街並みを再現保存する地区や活性化を期待する既存商店街にみられ、後者に幹線道路沿道、新興住宅地等の「電線類地中化」の街並みがある。

　既出研究論文によると、広義の無電柱化には安全で快適な交通空間の確保、都市景観の向上、都市災害の防止などの意義が挙げられている。各々独自な考え方、評価手法を採用しその経済的な効果を測定している。本稿では、電線類が地中化された住宅地での地域としての資産価値の維持、向上という意義に着目、この経済効果の測定を試行することとした。

　なお、「電線類地中化」普及拡大の最大の障壁は、費用面にあるとされている。筆者は当該工事の専門家でないので、電線類地中化事業に実績のある事業会社、研究者らに確認したところ、新規開発か否か等案件で大きく相違、戸ごとに手間や材料費等を要するため規模によるメリットは必ずしも大きくないこと、近年採用資材の研究開発が進み費用は低下傾向にあることが分かった。そして住戸おおむね1戸あたり200万～300万円（注）程度の費用を要することが判明した。本稿では中庸値である250万円／戸を採用することとした。

（注）この評価実例を作成した時点は、2009年4月であり、この時点でのヒアリング調査での住宅1戸あたりの電線類地中化工事費用である。第1章5項記載の同工事費用とかなりの差異があることに留意してほしい。

5-1 採用した評価手法

　電線類地中化はその意義により、増価要因ととらえられるが、不動産鑑定評価の現状ではこの増加要因をどのように取り扱っているのか明確ではない。
　公共用地取得等の評価で用いられる旧国土庁（現、国土交通省）監修の土地価格比準表に、住宅地域および商業地域等の適用地域にも電線類地中化に係る要因項目を見つけることはできない。当該比準表の要因項目のうち、優良または標準住宅地域にあっては社会的環境の良否や災害発生の危険性等、間接的に遠因としての考慮に留まり、直接的に独立要因として明確な姿で数値化されていないのが不動産鑑定評価における現状といえる。
　そこで不動産鑑定評価ではいまだ存在感は薄く、軽視される電線類地中化を本稿では独立要因項目としてとらえ、土地価格に与える影響度の分析を試みた。

(1)　影響度分析の基本的考え方
　　電線類地中化および非地中化のエリアを選定後、各々標準的な画地を決定、電線類地中化を主要因として得た格差率・価格に基づき、非地中化の画地について地中化工事費用を投じた場合、この画地の価格にどのような影響を与えるのかを把握する。
　　電線類地中化という要因に絞って格差の把握に努める必要性から、分析地点の選定にあたっては次の要件を満たすこととする。
　　・多数の取引事例を収集するため、大規模団地であること
　　・要因比較可能性や容易性のため、地理的に近接していること
　　・価格水準同一性のため、土地需要者が近似すること
　　・標準性の観点から、価格水準が平均的な地域であること

(2)　分析の対象とした地域と標準的な画地の概要
　　総合的に考慮した結果、大阪府ほぼ中央東端部に位置するK市H地域に存するN地区およびY地区を分析エリアとして選定した。
　　分析エリアおよび各標準的な画地の概要は次表のとおりである。

~ 分析地点の状況写真 ~

<電線類地中化地区：H-N 地区>

第 5 章　電柱のない街並みの評価実例

＜電線類非地中化地区：H-Y 地区＞

	電線類地中化地区＜H-N 地区＞	電線類非地中化地区＜H-Y 地区＞
所在	大阪府 K 市南西部に位置し、両地区は隣接している	
交通条件	＊＊線「H」駅および「HNG」駅へおおむね徒歩約20分前後 「H」駅から大阪都心「KB」へは、快速利用で約20分程度	
	「H」駅は、快速電車が停車するほか、H-N 地区行きの民営バスが発着する。当該バスは、H 駅〜 H-Y 〜 H-N を往復する路線であり、平日朝夕のラッシュ時は 4 本／時間、昼間時は 2 本／時間程度、運行されている。 最寄駅からの接近性や商業施設の充実度等から利便性はやや劣る。	
利用状況	中規模戸建住宅が建ち並ぶ丘陵地に開発された閑静な住宅地域	
	画地規模250㎡程度が標準的	画地規模200㎡程度が標準的
街路 画地配置	曲線的な系統を有する 4 〜 6 m 程度の市道が整然と配されている。 　各街区は不整形状ながら計画的に配置され、1 街区はおおむね 8 戸程度で構成されている。 　非地中化エリアの H-Y 地区と比較して、やや新しく開放感がある。	直線的な系統を有する 4 〜 6 m 程度の市道が縦横に配されている。 　各街区は整然と格子形状に配置され、1 街区はおおむね14戸程度で構成されている。
需要者層	両地区ともに利便性よりも居住快適性が指向され、標準的な画地規模はおおむね200〜250㎡程度であり、画地規模がやや大きく総額がかさむため、主たる需要者は中・高額所得者が中心である。	

5-2　査定式

選定した分析地区における電線類地中化に係る価格および格差率をベースとして、電線類地中化が土地価格に与える影響度を次の(1) (2) (3)の方法により求めた。

なお、影響度の分析にあたっては標準的数値（1戸あたりの画地面積を250㎡、電線類地中化費用を2,500千円）を採用して次式により求めた。

　電線類が地中化された地区（H-N）の画地価格　ⓐ
　－｛電線類が地中化されていない地区（H-Y）の画地価格
　　　　　　　　＋　電線類地中化費用｝　ⓑ
　＝　電線類地中化に伴う差額　ⓒ
　　　ⓒ　÷　ⓑ　＝　影響度

(1) 不動産鑑定評価手法

両分析地区に標準画地を設定して鑑定評価額を求め、各鑑定評価額（単価）に基づいて影響度を査定した。

① 鑑定評価格

評価にあたっては、取引事例比較法によってのみ価格を求めた。なお、電線類地中化のH-N地区の取引事例比較法適用にあたっては、H-N地区に存する取引事例だけを採用し比準価格を求めた。電線類非地中化のH-Y地区については電線類非地中化のH-Y地区およびその周辺類似地区の取引事例を採用し、比準価格を算出した。

取引事例比較法による時点毎の各分析地点の鑑定評価額（単価）は次表のとおりとなった。なお、各地区指数の上段は平成7年を、下段は平成12年を100とした場合の指数である。

価格時点	＜H-N地区＞ 単価（円/㎡）	指数	＜H-Y地区＞ 単価（円/㎡）	指数	価格比 H-N/H-Y
平成7年1月1日	269,000	100.00	240,000	100.00	1.121
平成12年1月1日	179,000	66.54 (100.00)	156,000	65.00 (100.00)	1.147
平成19年1月1日	141,000	52.42 (78.77)	120,000	50.00 (76.92)	1.175

※取引事例比較法の適用にあたっての留意事項

(a) 各地区の標準画地規模について、H-N地区は250㎡、H-Y地区は200㎡とした。

(b) 平成5年以降の取引事例を収集、取引時点と取引価格（単価）に基づく近似曲線から大きく乖離した明らかな異常値の事例は排除した。

(c) 各地区試算にあたり同一住宅開発団地内の取引事例だけを採用した。

(d) 要因比較にあたって、地域要因に関しては主に客観的要素の道路幅員および駅距離、個別的要因に関しては方位および角地等だけを考慮するに留めた。

(e) 意識的な取引時点修正を排除するため、収集事例のうち、価格時点を中心とする前後1カ年分の適切な事例を積極的に採用することにより、比準価格を試算した。

(f) 採用した取引事例は各々等しく妥当性を有するものと判断した。よって、比準価格の決定にあたっては、事例間に軽重なく相互に等しく尊重し、平均値価格を基準とした。
② 影響度の査定
ⓐ電線類が地中化された地区の画地価格
：［画地面積250㎡× H-N 地区鑑定評価額（単価）］
＝250㎡×141千円／㎡＝35,250千円
ⓑ電線類が地中化されていない地区の画地価格＋電線類地中化費用
：［画地面積250㎡×山手地区鑑定評価額（単価）］
＝250㎡×120千円／㎡（＝30,000千円）＋2,500千円＝32,500千円
ⓒ電線類地中化に伴う差額
：ⓐ－ⓑ＝35,250千円－32,500千円＝2,750千円
影響度＝ⓒ÷ⓑ＝2,750千円÷32,500千円≒8.5％

(2) デベロッパーによる事業採算性に基づく方法
デベロッパーの事業採算性に着目、宅地販売総額から開発素地購入費用等を控除した場合の収益を検討した。
① 分析方法
デベロッパーの基本行動は収益の最大化を追求することであり、この前提に立てば次式が成立する。
収益［P］＝販売総額［S］－費用＞0
　費用の内訳＝素地費用［B］＋造成工事費用等［M］
そこで、
電線を地中化する場合［α］の収益
　Pα ＝ Sα －（B＋M＋X）（X：電線類地中化費用）
電線を地中化しない場合［β］の収益
　Pβ ＝ Sβ －（B＋M）
をそれぞれ求め、電線類地中化事業の有効性を確認する。適切な開発素地に係る事例を入手することが困難であったこと、電線類地中化に係る事業実施の有無に関わらず（B＋M）はほぼ同一と考えられること、PαとPβの大小関係を把握することが目的であること等から、（B＋M）＝Sβと置き換え、Pαを算定することとした。

新規開発にあたり電線類非地中化のH-Y地区を素地として仕入れ、これをH-N地区のように電線類地中化のほか、開放感のある道路・画地配置を行って分譲した場合、電線類非地中化の場合と比較して、より多くの収益があげられるのか。

　素地としてのH-Y地区を鑑定評価によって決定したH-Y地区の単価にH-Y地区の有効面積割合を乗じた価格で仕入れる。次に電線類を地中化し、かつ、やや開放感のある画地配置等を行って、H-N地区の単価にH-N地区の有効面積を乗じた価格で分譲する。端的には電線類非地中化を前提とした素地に電線類地中化費用を追加投資して分譲したらもうかるのか、である。

※算定にあたっての留意事項

(a) $S\alpha$（H-N地区）および$S\beta$（H-Y地区）ともに前記1．の直近の鑑定評価額をベースとし、H-N地区は141千円／㎡、H-Y地区は120千円／㎡を採用する。

(b) H-N地区はH-Y地区と比較して、電線類地中化のほか、全体的にやや開放感のある曲線的な道路・画地の配置がなされている。鑑定評価によって求められた価格は、H-N地区の価格が高位に求められたが、電線類地中化のほか、当該要素をも内包されている点を考慮した。

(c) 両地区において、法地や公園等の潰れ地を含まない測定容易な任意の類似規模エリアを定め、両エリアの実開発面積と実宅地面積（有効宅地面積）をデジタル地図ソフト面積測定機能を使って机上査定した。

(d) 新規開発を前提とするため、電線地中化に伴う諸手続や電線地中化工事等は造成工事と同時に行うこととし、工事期間の延長はないものとした。また、工事期間に対するリスクや金利等は考慮しない。

② 影響度の査定

　ⓐ電線類が地中化された地区の画地価格

　　　　：地中化を前提とした販売面積（非地中化のH-Y地区開発面積×地中化のH-N地区有効宅地化率）×地中化を前提とした価格

$$= 18,228㎡ \times 70.8\% (= 12,905㎡) \times 141千円／㎡$$
$$= 1,819,605千円（販売総額Sa）$$

ⓑ電線類が地中化されていない地区の画地価格（Sβ）＋電線類地中化費用（X）

：素地価格（H-Y地区有効宅地面積）×地中化を前提としない価格＋（X）

$$= 1,611,360千円（Sβ）+ 130,000千円（X総額）= 1,741,360千円（総費用）$$

内訳

Sβ＝素地購入面積13,428㎡× H-Y地区価格120千円／㎡＝1,611,360千円

X総額＝電線類地中化費用2,500千円／戸×開発総戸数52戸（販売面積12,905㎡÷想定画地250㎡／戸）＝130,000千円（総額）

ⓒ電線類地中化に伴う差額（収益Pa）

：ⓐ－ⓑ＝1,819,605千円－1,741,360千円＝78,245千円

影響度＝ⓒ÷ⓑ＝78,245千円÷1,741,360千円≒4.5%

(3) ヘドニック分析に基づく方法

ヘドニック分析にあたり、算定手法としては数量化Ⅰ類の考え方を適用して電線類地中化の影響を統計的に分析して電線類地中化と非地中化に係る格差率を求め、当該格差率に基づいて影響度を査定した。

① 分析方法

不動産の価格に影響を与える要因（価格形成要因）を変数としてとらえ、次に示す価格算定基本式のとおり、取引単価と価格形成要因（変数）の関係から、「電線類地中化」に係る回帰係数を求めた後、電線類が地中化された地区と電線類が地中化されていない地区の格差率を求めた。

＜価格算定基本式＞

$$P = X_1^a \, X_1^b \, X_3^c \cdots\cdots X_n^n$$

P：価格、 Xn：変数、 a, b, c…n：定数

次に、上記枠内の基本式の左右両辺を対数でとって、
$$\log P = a \log X_1 + b \log X_2 + c \log X_3 + \cdots + n \log X_n + Z$$
と展開し、統計分析を適用した。

分析にあたっては、H-N、H-Y両地区に存する1994年1月以降鑑定評価時点までの取引事例（おおむね15カ年分）を収集、異常値を示す事例を排除した。

② 統計分析結果

次表のとおり採用すべき変数および偏回帰係数が得られた。なお、R^2 ≒ 0.79654である。

この結果による電線類地中化の格差率は、地中化済が非地中化と比較して＋13.9％と求められた。

要因項目	係数	標準誤差
定数	5.92512	0.06915
取引時点ダミー　注2	−0.60403	0.05554
電線類地中化ダミー　注3	−0.26827	0.07893
駅距離　注4	−0.16998	0.08593
建築基準法　注5	−0.02805	0.10796
幅員　注6	−0.06860	0.07527
サンプル数	41	注1

※次の点に留意した。

注1）2005年で価格下落傾向から上昇に転じた可能性が認められたため、取引時点が2005年以降の事例については分析対象外とし、41事例を分析対象とした。

注2）取引時点について、取引時点に応じて平成5年の場合は5、平成10年の場合は10という要領にて点数化した。

注3）電線類地中化について、地中化エリアのH-N地区事例は0、非地中化エリアのH-Y地区事例には1とした。

注4）駅からの接近性が良好なエリアから丁目ごとに1〜と点数化し

た。

注5）建築基準法について、H-N地区の一部エリアは建築基準法第86条（総合設計）の建物であり、該当事例には2、他の事例は1とした。

注6）道路幅員について、幅員4.5m超を1、以下を2とした。

③ 影響度の査定

ⓐ電線類が地中化された地区の画地価格

：画地面積×非地中化の地区の単価×電線類地中化格差率 +13.9を考慮

= 250㎡×120千円／㎡×（1 + 13.9%）= 34,170千円

ⓑ電線類が地中化されていない地区の画地価格＋電線類地中化費用

：画地面積×非地中化の地区の単価

= 250㎡×120千円／㎡（= 30,000千円）+ 2,500千円 = 32,500千円

ⓒ電線類地中化に伴う差額

：ⓐ － ⓑ = 34,170千円 － 32,500千円 = 1,670千円

影響度 = ⓒ ÷ ⓑ = 1,670千円 ÷ 32,500千円 ≒ 5.1%

5-3 考察

以上(1)～(3)について、電線類地中化の普及拡大にあたって障壁となっている費用面（地中化費用）を考慮した場合、標準性を重視して画地規模および工事費用を想定したところ、全方法にておおむね+4～9％の好影響度が得られた。

購入者または所有者サイドの視点から、現実に発生した取引事例の価格面から直接的にアプローチした(1)および同様に統計手法を駆使し間接的にアプローチした(3)の結果より、土地購入者は地中化エリアの画地を購入するにあたって、主に電線類地中化という要因に対して+10%超の付加価値を認めている。

また、(1)において地中化地区と非地中化地区の価格比は15カ年で+12.1%→+17.5%と拡大しており、経年とともに前者の優位性が際立ってきてい

る。地中化エリアの価格指数（100.0→52.4）は非地中化エリアの価格指数（100.0→50.0）と比較して約2％程度ときわめて僅少ながらも、一般的な不動産価格下落傾向期のなか価格維持傾向が認められる。今後、既開発地においても資産価値の維持または向上ならびに需要の選好性の点から、電線類地中化へ向けた取組の増加が期待される。

　販売者サイドの視点から、(2)の結果より、電線類地中化に対する追加投資の有効性を確認することができた。(3)からエンドユーザーは電線類地中化に対するプラス価値を認めているうえ、そのプラス率は逓増傾向にあることから、電線類地中化の有無は、購入意思決定にあたって、その比重が大きくなりつつあると考えられる。さらに将来的には電線類地中化の認知度や価値観の変化によって、地中化は土地価格に対してより好影響をもたらすものと考えられる。電線類地中化エリアの住宅地は需要者に選好性を有するとみられるものの、いまだスタンダード住宅地とはいえないことから、地中化は開発・販売にあたって商品の差別化を図ることにより、大きな宣伝効果を生む可能性があり、販売期間の短縮等の間接的なプラス影響も期待される。

Column #5

オチたら、洒落にもならんとぞ思う

　明治か大正時代の船場の若旦那の作次郎、高津の宮で一目惚れ、恋の病で憔悴し、余命幾ばくもないとか。
　お相手は、誰やも知れぬ大店の娘さんらしい。
娘さん探しを頼まれた熊五郎に与えられた期限は五日だけだ。
　熊五郎、さっそく街に探索へ出かけた。
4日間は何もいわずに歩きまわるだけ、これじゃ情報すら得られるわけがない。

現代風に超訳すると、
　　自ら情報を発しないと貴重なデータの入手は難しいということか、それとも欲しい情報の集まりそうな場所を見つけないと、獲得はおぼつかないということかな。

5日目になって、これじゃアカンと女房に気付かされ、娘さんが若旦那に残した崇徳院さんの和歌のさわりの「瀬をはやみ〜」と叫びつつ、人の集まる床屋と風呂屋に出入りした。その数、18軒と26軒だ。
　そして、ついに床屋で分かった、見つかった。

超訳どおりの状況を打破した行動に出たら、成果があったということだ。

人の集まるところに情報は集中する傾向にある。秘密にしたい情報も増える。すると、それを盗もうとする者、あえて漏らそうとする輩も増える。あるいは、自然災害、人為的災害が発生したときの被害は、格段に大きく

なる。防止防衛策が必要になってくる。

電線類地中化の実現によって、地中の管路に保護される電気通信線の安全性は高まる。通信の信頼性も向上するのだから、オフィスなどの労働集約性の高い都会では、地中化事業を積極的に推進してほしいという需要は、旺盛である。
電線類地中化に期待できるのは、良好な景観の形成の効果だけではない。プラス・アルファがあるわけだ。だからこそ、事業の推進が望まれる。
ところで、娘さんの情報にたどり着いた熊五郎は、どうなったんだろう。

苦労の甲斐があったので、弾けて転げんばかりの大はしゃぎ、店の客と組んず解れつの大騒ぎとなった。
　鏡を割って安全性に欠け、店主に叱られて信頼性も欠如する。

昔の噺は、
「割れても末に、買わん（逢わん）とぞ思う」のオチで、ハッピーエンドだ。

キーボード叩いて原稿書いている今、架空線のトラブルで、停電やネットワークが切れて、パソコンが"オチ"たら大変だ。洒落にも"ならん"とぞ思う。

私議ながら、
　　事務所前の道路の電線類地中化、早期実現を祈念す！　であります。

第6章
不動産評価の検証
―重要伝統的建造物群保存地区の路線価評価を検証する―

重要伝統的建造物群保存地区に指定された地区では、電線類地中化、無電柱化が実施されている場合が多い。市街化区域内に存在するケースも多々あり、財産税評価において土地に関し相続税路線価、固定資産税（土地）評価は市街地宅地評価法を適用し、路線価が敷設されている。

　本章では、相続税路線価および固定資産税（土地）評価の路線価が敷設されている住宅地として、奈良県橿原市内で電線類が地中化され、あるいは無電柱化されており重要伝統的建造物群保存地区に指定されている今井町地区を調査地区として選定した。今井町地区で電線類地中化、無電柱化による効果が、相続税、固定資産税の路線価に反映されているか検証を試みることとした。

　検証手段として、ヘドニック分析法を活用した。説明変数が有意であるかを確認することにより路線価（被説明変数）に電線類地中化、無電柱化の効果が反映されているか検証することとした。

6-1　今井町地区のあらまし

※参考資料：橿原市観光案内

　天文年間（1532～55年）、本願寺の今井兵部によって建てられた称念寺が、今井町の起こりといわれている。農民等を門徒化し、ここを拠点に一向宗の布教を進めるためであった。後には、諸国の浪人や商人が集められ、町場を形成していった。このような町を寺内町という。

　世は戦国時代。野武士、盗賊、他宗派、大名などからの攻撃を避けるために、周辺に濠と土居を巡らせ、僧侶や門徒を守るための武力が備えられた。見通しのきかない筋違いの道路や、9つの門跡がそれを物語っている。

　この頃、天下統一を狙っていた織田信長と一向宗は敵対しており、各地で一向一揆が起こっていた。今井町も濠を深くし、厳重武装で反抗していたが、本願寺の降伏に伴い、交流の深かった堺の豪商や明智光秀のとりなしで武装放棄した。

　その後は、商工業都市として発展。俗に「今井千軒」「海の堺、陸の今井」と呼ばれるほどになっていった。また、経済的に豊かな町民は、茶道などの

文化・文芸にも従事し、華道・能楽・和歌・俳諧などが好まれ、各地との交流も盛んになった。豊臣秀吉が、吉野詣での途中に今井の茶室で接待されたという記録もある。

17世紀後半、5代将軍綱吉の頃に幕藩体制が整うと、今井にも代官が置かれ、幕府領として支配された。しかし、農村の多くが20～30軒程度だった当時、1,000軒もの家を有する今井町は、破格の規模であった。しかも肥料・木綿・味噌・酒などの取引も盛んなうえ、大名相手の金融業者も活躍していた。藩札と同じ価値のある独自の紙幣「今井札」も流通し、「大和の金は今井に七分」「金の虫干し玄関まで」といわれるほどに繁栄していた。

これほどの財力は、幕府にとっても大きな魅力であった。他とは違う支配体制で優遇していた。つまり、惣年寄や町年寄を置き、警察権などを与え、自治的特権が与えられたのであった。親戚以外の者を町内に泊めることを禁ずるなど、町独自の掟も決められ、自治自衛が徹底されていた。

一方、この財力に対して重税も課され、これが17世紀後半からの人口減少の原因ともなるが、今井町の経済力はその後も長く保たれていた。やがて、明治維新により富豪が消滅、大正時代の鉄道開通で町の賑わいは駅周辺に移っていったが、むしろこうして訪れた平穏さが、この町の保持に貢献したともいえる。後には町並み保存の動きも起こり、8軒の家が重要文化財に、また、3軒が県指定文化財に指定されるなど、その文化的・歴史的価値の貴重さが広く認知されていった。

昭和50年の文化財保護法の改正によって、伝統的建造物群およびこれと一体をなしてその価値を形成している環境を保存しようとする制度ができ、今井町は寺内町として、平成5年12月8日に「重要伝統的建造物群保存地区」に選定され現在に至っている。

6-2　今井町地区の地域要因

選定した今井町地区は、重要文化財に指定された建造物等があり、観光客、見学者等に開放されている。それらの建造物等にも実際に住民が生活しており、不動産鑑定評価的に分類すると既成住宅地域である。その地域要因は次

のとおりである。
　位置：近鉄橿原線「八木西口」駅の南西方約200～約800mの所、近鉄橿原線とJR桜井線の交差する点の南西方に位置する（図6-2-1参照）。
　範囲：東西約600m、南北約300mのほぼ長方形の範囲となっている（図6-2-2参照）。
　街路条件
　　幅員：外周街路は6～9m、東西軸街路は2.5～4m、南北軸街路は1.5～4m。
　　系統連続性等：周辺地域、幹線街路との系統はやや劣る。地区内に主たる幹線、準幹線街路はなく、連続性等は総じて普通程度であるが、数カ所行止り等の連続性に劣る街路がある。
　　構造：全域舗装されている。
　　種類：ほぼ全域、市道である。
　交通接近条件
　　最寄駅：急行停車の近鉄橿原線「八木西口」駅が最寄駅である。
　　最寄駅までの距離：道路距離で約250～約1,000m、徒歩で3～12分程度での徒歩圏住宅地である。
　　都心接近性：近鉄橿原線、近鉄大阪線乗り換え駅である「大和八木」駅まで「八木西口」駅から1駅、約1分である。「大和八木」駅周辺が橿原市の中心地であり商業施設等が集積している。
　環境条件
　　供給処理施設：上下水道、都市ガスが整備されている。
　　利用の状態：わずかに店舗兼用住宅・寺院が散在するが、ほぼ全域、低層の木造専用住宅である。
　　行政的条件：都市計画区域内市街化区域、第1種中高層住居専用地域（建ぺい率60％、容積率200％）、10m高度地区、日影規制（4m平面、4～2.5時間）、重要伝統的建造物群保存地区に指定されている。
　　　外周街路（北環濠筋線（6m）、東環濠筋線（9m）、南環濠筋線（6m））、東西軸の御堂筋線（4m）、八幡町（大工町）筋（2.5m）、北尊坊筋線（3.5m）、南北軸の北口門跡から南の北口筋（3.5m）、北尊坊筋通りから中尊坊筋通り角までの新町西通り線（3m）、御堂筋か

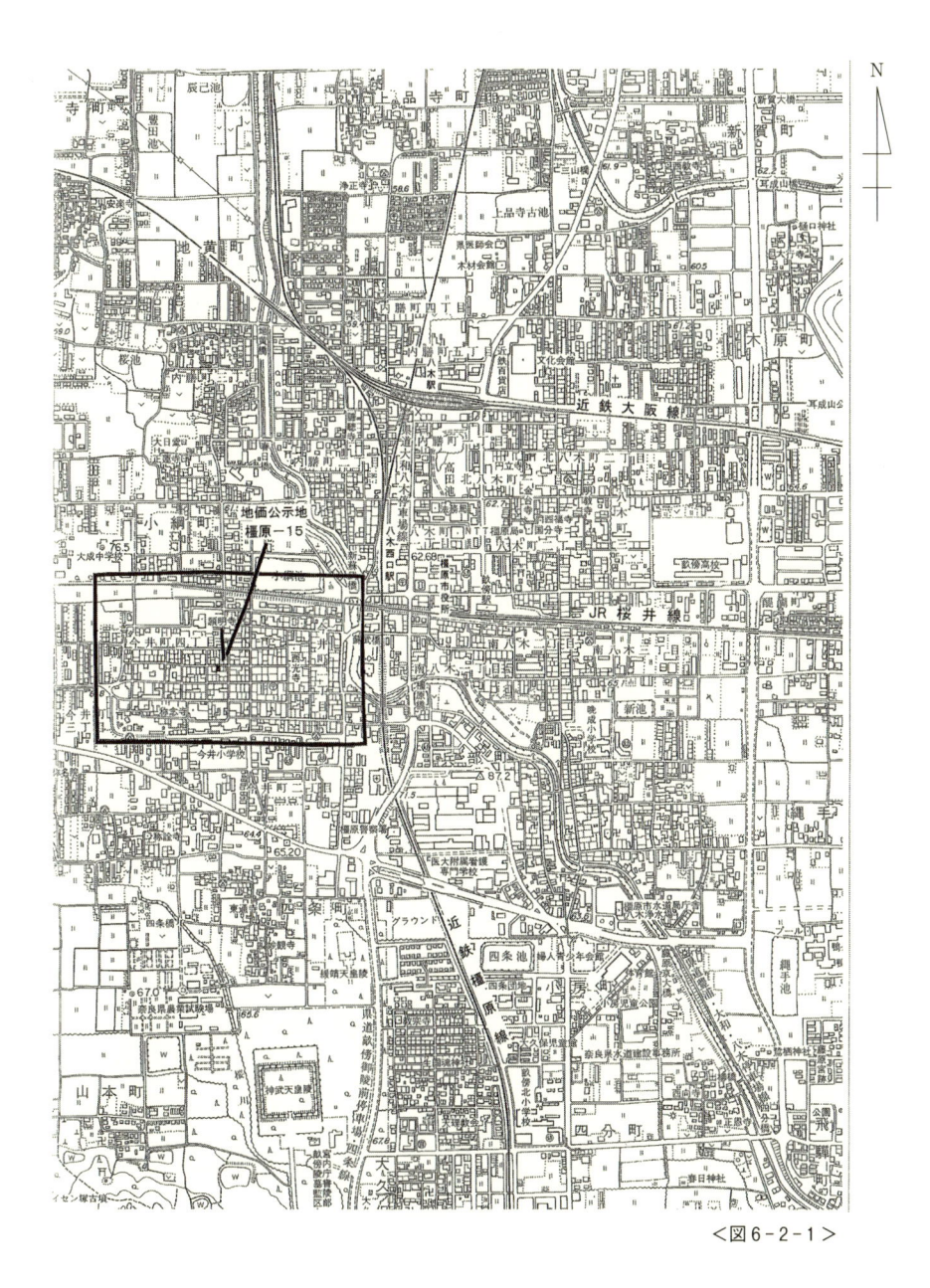

第6章 不動産評価の検証―重要伝統的建造物群保存地区の路線価評価を検証する―

<図6-2-1>

<図6-2-2>

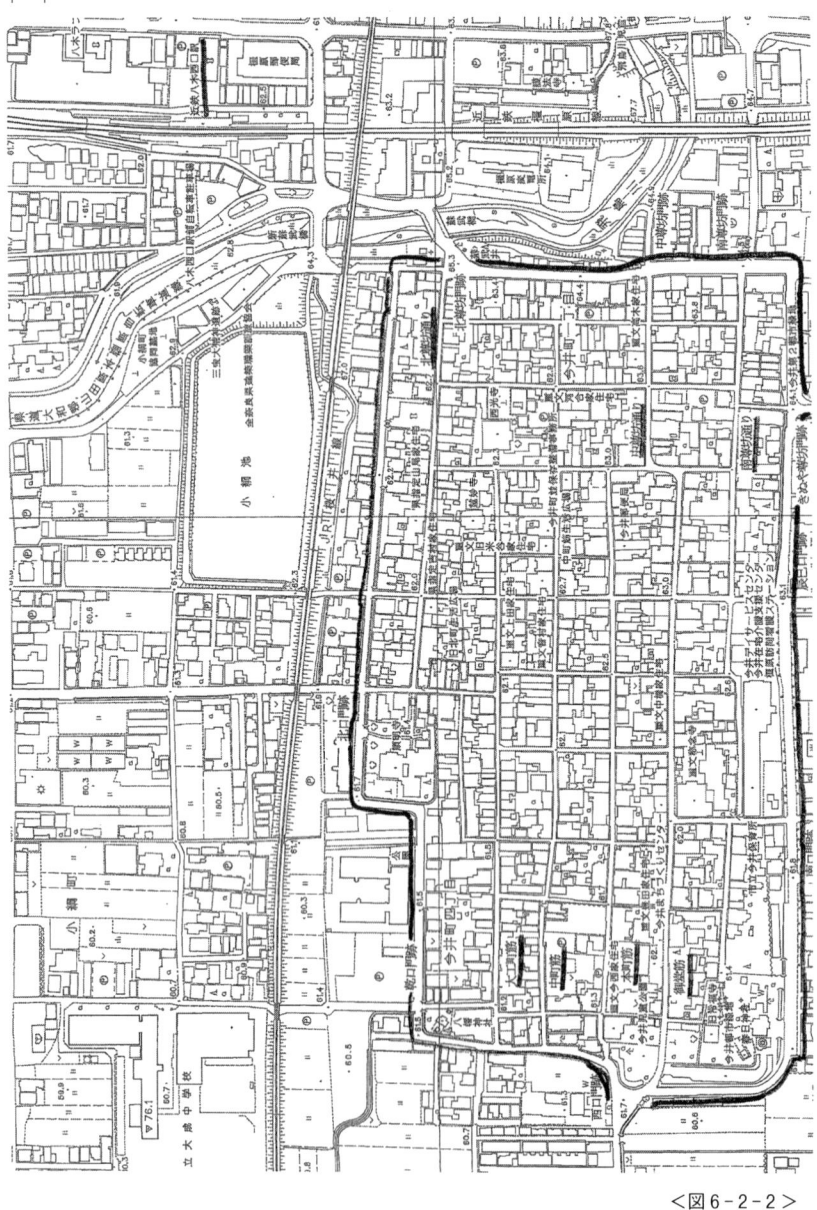

ら辰巳口門跡までの学校通り線（4 m）、称念寺西側の南口筋線（4 m）が都市計画道路に指定されている（※カッコ内の数値は計画幅員。図6-5参照）。

電線類地中化、無電柱化の状態：

　図6-2-3で塗りつぶされている街路（東環濠筋線を除く）は1995年度事業として工事が開始され、2004年に自治体管路方式で電線類地中化が完了した街路である。

<図6-2-3>

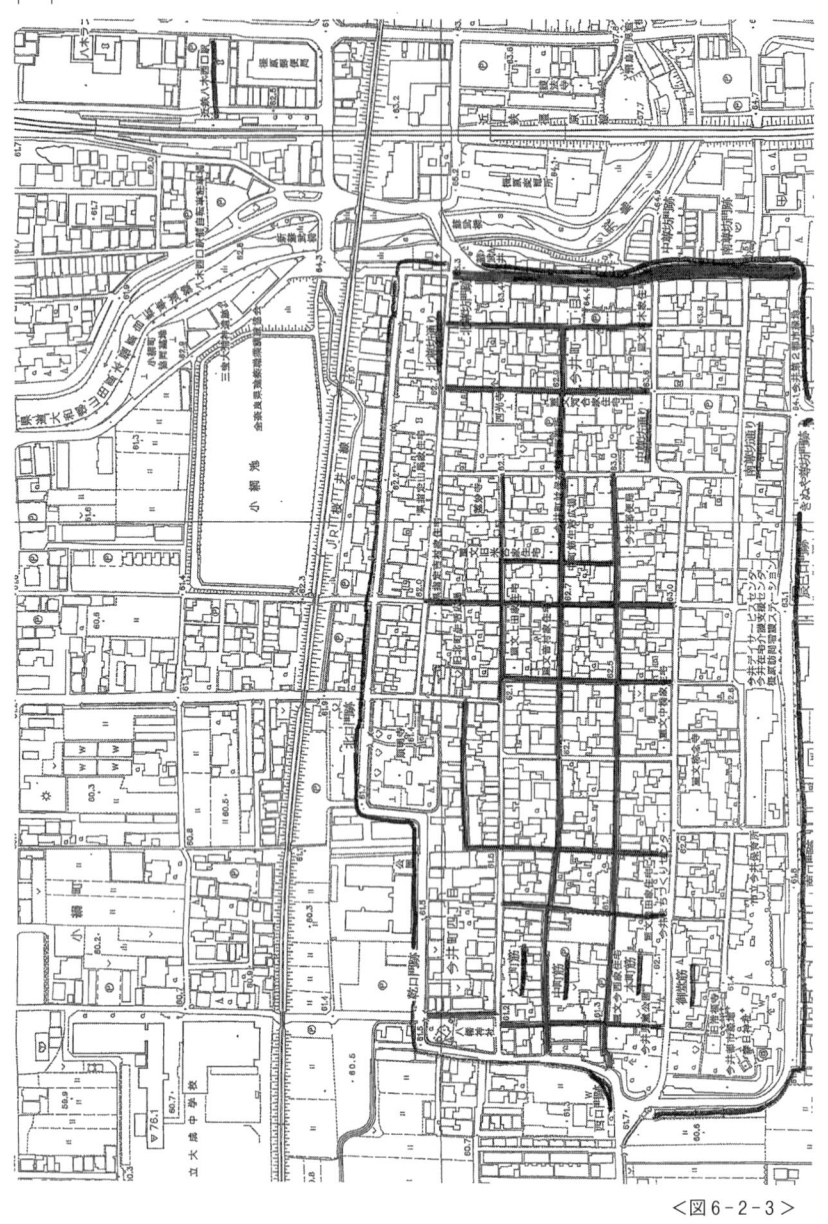

第6章 不動産評価の検証―重要伝統的建造物群保存地区の路線価評価を検証する―

＜都市計画道路として道路整備された御堂筋＞
電線類地中化は実施されていない。

＜電線類地中化されている本町筋＞
自治体管路方式であるので道路幅員が狭くても電線類の埋設が可能である。

　また、2005年度からは電線類地中化が難しい街路につき、軒下、裏配線手法を用いた無電柱化が一部実施されている。

<御堂筋で軒下配線が実施された例>

　さらに、今井町地区の東端の南北軸の街路である東環濠筋線（都市計画道路でもある）は幅員が9ｍと広いので、2008年度から電線共同溝による地中化工事が開始され、2010年1月時点でほぼ完了していたとみられる。

＜電線共同溝による地中化工事が実施された東環濠筋＞

6-3　採用すべき説明変数（価格形成要因）の検討

　調査地区として選択した今井町地区のほぼ中央に、地価公示標準地「橿原-15」が存在する（図6-2-1参照）。その概要は下記のとおりである。
　＜地価公示地：橿原-15の概要＞
　　所在地：奈良県橿原市今井町4丁目428番
　　住居表示：今井町4-5-25
　　調査基準日：平成22年1月1日

価格：78,700円／㎡
形状（間口：奥行）：長方形（1.0：1.5）
利用区分、構造：建物などの敷地、W（木造）2F
利用現況：住宅
周辺の土地利用現況：中規模一般住宅が多い既成住宅地域
前面道路の状況：北 3.0m市道
給排水等状況：ガス・水道・下水
交通施設、距離：八木西口、600m
用途区分等：第1種中高層住居専用地域（建ぺい率60％、容積率200％）

　相続税路線価、および市街地宅地評価法を適用して求められた固定資産税路線価は、地価公示価格を基に算定した価格の80％、および70％をめどに算定敷設された価格である。したがって、今井町地区に敷設される各路線価算定の基礎となるのは、地価公示標準地「橿原-15」の公示価格であり、その価格を形成する各要因である。
　橿原市の市街化区域内には、「橿原-15」を含め20の住宅地の地価公示標準地が選定され、価格が公示されている。橿原市の住宅地域の地価公示価格がどのような評価体系の中で、いかなる価格形成要因で説明できるかを検討し、考察することにより今井町地区内に敷設される各路線価の説明変数を抽出できるであろう。
　検討には、ヘドニック分析法を採用し、相関係数が最も高かった回帰結果は次の表6-3のとおりである。なお、住宅地の各地価公示価格は、方位補正を行い、基準方位（北向き）の標準価格を被説明変数としている。

＜表6-3＞

回帰統計	
重相関 R	0.891235189
重決定 R2	0.794300163
補正 R2	0.720835935
標準誤差	6638.916961
観測数	20

	係数	標準誤差	t
切　片	91844.25206	8449.07102	10.87033732
最寄駅ダミー　　（注1）	11065.76726	1903.027947	5.814821207
駅置換距離　　　（注2）	−127.6083568	48.64764727	−2.623114661
利用規制ダミー　（注3）	9199.090729	4002.907425	2.298102292
系統連続性ダミー（注4）	−11943.31909	3261.104396	−3.662354112
幅　　員　　　　（注5）	733.9667599	1556.505995	0.47154766

（注1）最寄駅ダミー：各地価公示標準地の最寄駅で「大和八木」駅＝2、「橿原神宮前」駅＝1、その他の駅＝0　とした。

（注2）駅置換距離：評価上の経験に基づき、実際の道路距離を10で除し、12以上の数値には0.5を乗じ加算した（例：1500m→1200÷10＋300÷10×0.5=135）。

（注3）利用規制ダミー：第1種低層住居専用地域、重要伝統的建造物群保存地区内の「橿原-15」につき1、それ以外は0。

（注4）系統連続性ダミー：最寄駅または幹線道路からの対象地域への系統連続性を地図および現地踏査で判断し、やや劣るものを1、普通を0とした。

（注5）幅員：地価公示概要に記載される実数値を採用した。

　表6-3の結果は、その説明変数（価格形成要因）は不動産評価の経験上の判断とほぼ一致する。ただし、幅員については、有意ではないという結果は意外であった。また、土地等の利用規制が強い第1種低層住居専用地域内の地価公示標準地と重要伝統的建造物群保存地区に指定される「橿原-15」については、価格に対しプラス要因となっている。興味深い結果である。一戸建中規模住宅だけで構成される低層住宅に純化し、区画整然とした地域、および美しく懐しささえ感じさせる全国的にも有名な今井町地区への需要者の選好性が高いということを表象するものであろう。

6-4 相続税路線価の検証

　平成22年1月1日を基準日とした平成22年相続税路線価（図6-4参照）を被説明変数とし、前項で検討し採用した説明変数および電線類地中化の有無（ダミー変数として）を説明変数として、地価公示価格およびその価格形成要因を基礎として算定された相続税路線価に、電線類地中化の有無が説明変数として考慮、採用されているかを検討する。なお、当該相続税路線価図に示される路線価は1,000円単位の数値であり、地価公示価格を基に算定された数値（不動産鑑定士等の精通者の意見を参考に求めた価格）に0.8を乗じ、当地区内では、100円未満は四捨五入されている。
　前項で採用した説明変数の中で、今井町地区の最寄駅は「八木西口」駅だけであるので、最寄駅ダミーは省略する。また、今井町地区の利用規制は地区内同一であるのでこれも省略する。
　電線類地中化については、その主たる効果は
　　① 安全で快適な交通空間の確保
　　② 良好な都市景観の形成と向上
　　③ 都市災害の防止
　　④ 情報通信ネットワークの安全性、信頼性の向上
　　⑤ 不動産価格の上昇または資産価値の保全
である。
　今井町地区の道路幅員が比較的狭隘であり、自動車通行からみた幹線、準幹線道路は地区内にないこと等の特性から、②良好な都市景観の形成と向上だけに注目することとした。
　今井町地区内で電線類地中化された街路のうち、路地については、後掲の写真のとおりトランスが設置されたケーブル内蔵型電柱を設けてあり、この場合、上空空間に大きなトランスがあるので圧迫感があり、決して良好な都市景観を形成しているとはいえないと判断し、非電線類地中化街路と同様の扱いとした。

<今井町相続路線価図>

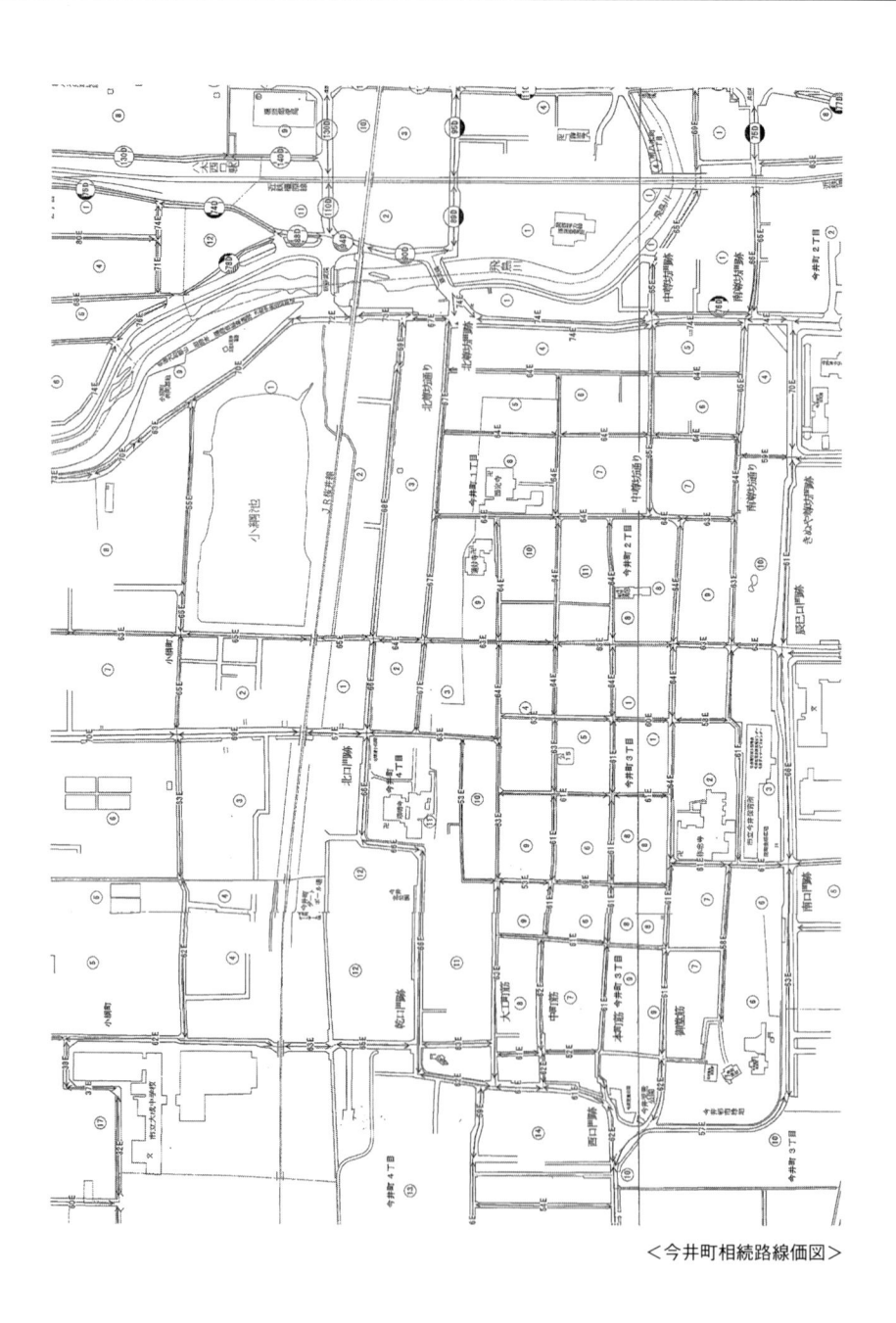

<路地にあるトランスが設置されたケーブル内蔵型電柱>

　ヘドニック分析法を使った回帰分析結果は、表6-4に示すとおりである。
<表6-4>

回帰統計	
重相関 R	0.895212609
重決定 R2	0.801405615
補正 R2	0.790217199
標準誤差	1762.656202
観測数	76

	係数	標準誤差	t
切　片	60461.58432	1720.314094	35.14566586
幅　員　　　（注6）	1400.395856	121.1557238	11.5586438
電柱有無ダミー　（注7）	93.45145747	430.4391144	0.217107262
駅距離　　　（注8）	−10.67397428	1.234031002	−8.649680818
系統連続性ダミー（注9）	5135.124166	1282.984903	4.002482146

（注6）幅員：現地で簡易測定した数値を採用した。今井町地区は開渠側溝であったので、側溝間を実測したものである。ひとつの路線に広狭があるときは、最も狭い幅員を採用した。

（注7）電柱有無ダミー：電線類地中化された街路は1、非電線類地中化街路および電線類地中化されているが前頁の写真のようにトランス設置の電柱がある街路は0とした。

（注8）駅距離：八木西口駅最寄出口からの道路距離を図上で測定した数値がすべて1,200m未満であったので測定数値をそのまま採用した。

（注9）系統連続性ダミー：現地踏査および地図上で判断し、やや劣る＝0、普通＝1とした。

分析の結果、係数をみると住宅地の価格評価の経験的な傾向と同一の方向性を示している。つまり幅員が広ければ価格は高く、駅から遠くなるに従い低くなり、系統連続性は良好だと価格は高くなる。電線類地中化され電柱がない街路のほうが価格は高い。しかし、電柱有無ダミーはほとんど有意な結果ではない。街路の電柱の有無は、相続税路線価評価には全く反映されていないと推測できる。

6-5　固定資産税（土地）路線価の検証

直近の固定資産税評価替え年度である平成21年度の固定資産税路線価（評価基準日平成20年7月1日）を被説明変数とし、前項の相続税路線価の検証で検討し採用した説明変数をそのまま用いて分析する。ただし、今井町地区

の東端の街路である東環濠筋については評価基準日にはいまだ電線共同溝工事は未了であったとみられるので、電柱有無ダミーは0と判定している。

今井町地区は市街地評価法の同一状況類似地域内にあるとみられ、標準宅地として地価公示地「橿原-15」の価格およびその価格形成要因を基礎として算定された路線価に、電線類地中化の有無が説明変数として考慮、採用されているかを検討する。なお、固定資産税路線価の有効数字は上3桁が通常であり、地価公示価格を基に算定された数値に0.7を乗じ、当該地区では10円未満は切捨てとされている。

ヘドニック分析法を使った回帰分析結果は、表6-5に示すとおりである。

<表6-5>

回帰統計	
重相関 R	0.821841953
重決定 R2	0.675424196
補正 R2	0.657138235
標準誤差	2901.438137
観測数	76

	係数	標準誤差	t
切　片	48099.22814	2831.74048	16.98574727
幅　員	1902.066499	199.4296091	9.537533105
電柱有無ダミー	475.9367884	708.5286742	0.671725515
駅距離	－8.816722173	2.031289258	－4.340456258
系統連続性ダミー	6597.49843	2111.870324	3.124007357

分析の結果、その係数をみると前項の相続税路線価と同様、住宅地の価格評価の経験的な傾向と同一の方向性を示している。電柱有無ダミーについてもほとんど有意な結果ではない。街路の電柱の有無は、固定資産税路線価評価には全く反映されていないということであろう。

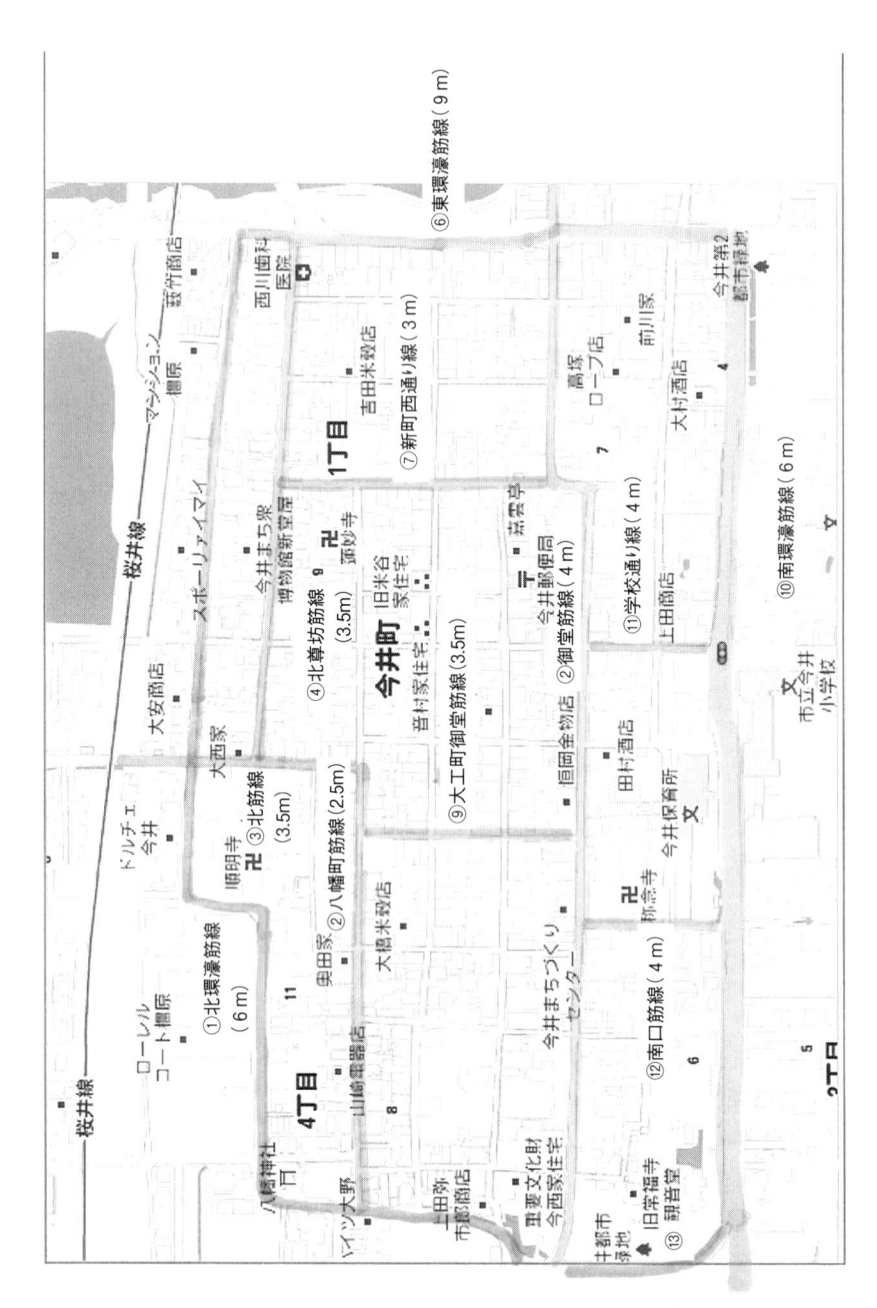

<図6-5>　今井町都市計画道路

6-6　考察

　重要伝統的建造物群保存地区に指定されている橿原市今井町地区に敷設された相続税路線価、固定資産税（土地）路線価に、電線類が地中化されているかいないかという要因は反映されていない。良好な都市景観を形成する電線類地中化は説明変数として有意ではないという結果を得た。
　この項では、なぜ、説明変数として有意ではないのかを考察してみる。
　そもそも電線類地中化による効果として土地価格に反映はしないのではないかという課題が浮かぶ。これについては、前章で住宅地域内で電線類地中化された街並み内とされていない街並み内の取引事例を不動産鑑定評価手法のひとつである取引事例比較法、およびヘドニック分析法を各々採用して求めた両結果から、否定することができた。住宅地の取引価格には電線類地中化の経済効果が反映されているということを示す結果を得ている。
　相続税路線価および固定資産税（土地）路線価算定の基となるのは地価公示価格である。電線類地中化がこの地価公示価格の価格形成要因となっていないのではないかという件である。前記の**6-3 採用すべき説明変数（価格形成要因）の検討**の中で、電線類地中化の有無を説明変数にするか否かを検討した経緯がある。しかし、橿原市内住宅地の20の地価公示地点の中で、電線類地中化されている街並みを含む近隣地域内に存するのは、今井町地区内の「橿原-15」ひとつだけであったので、ヘドニック分析法になじまないとして説明変数にして検討することは回避している。
　電線類地中化の効果のひとつに、良好な都市景観の形成がある。また良好な都市景観を形成する手段として、建物形態を純化等する厳しい土地利用等の規制もある。たとえば、都市計画による用途地域として第1種低層住居専用地域に指定されることで、その地域の建物は一戸建低層住宅にほぼ純化し整然とした都市景観を形成する。重要伝統的建造物群保存地区においては建造物の現状変更に関し厳しい規制がなされ、良好な都市景観の保存がなされる。厳しい土地利用等の規制という価格形成要因（説明変数）は、地価公示価格（被説明変数）に対し、正の経済効果を示している（前記6-3　表6-3の注3参照）。

良好な都市景観の形成等に寄与し、土地価格に正の経済効果をもたらすということでは同一の方向性を、電線類地中化と厳しい土地利用等の規制は持っている。しかし、地価公示標準地「橿原-15」が今井町地区の電線類地中化された街路を標準的な状態として代表しているか否かは不詳である。また電線類地中化が接面街路単位での価格形成要因であり、厳しい土地利用等の規制は広がりを持つ地域単位の要因であるので、経済効果としては同一方向性があるとしても、地価公示価格に電線類地中化の経済効果が反映されていると言い切ることはできない。

　むしろ、不動産鑑定評価理論上では電線類地中化を価格形成要因として意識していないという現状、および地価公示業務に携わってきた筆者の経験にかんがみると、相続税路線価および固定資産税（土地）路線価算定の基となる地価公示価格には電線類地中化の有無を反映していないとみるべきであろう。

　住宅地において電線類地中化は、土地の取引価格に正の経済効果として表れる現状でありながら、地価公示価格、相続税路線価および固定資産税（土地）路線価という公的な土地評価部門に反映されていないのが実状である。公的な土地評価の根本理論である不動産鑑定評価理論における正常価格とは現実のあるがままの価格であるという概念が確立しているのであるから、税政策的な要素は別途考慮するとして、電線類地中化の経済効果を不動産評価実務に活かしていかなければならないと考える。

著者プロフィール

足立　良夫（あだち　よしお）執筆担当第1章～第3章、第6章
不動産鑑定士足立良夫事務所代表者、不動産鑑定士

1953年（昭和28年）4月生まれ、福岡県出身　京都大学農学部卒
1988年　不動産鑑定士足立良夫事務所開業　代表者
　　　　　http://www.sait-net.co.jp/adachi/
1997年　株式会社さいと不動産投資顧問設立　代表取締役に就任
　　　　　http://www.sait-net.co.jp/

著書：『都市開発と事業効果』（共著）住宅新報社　1992年5月
　　　『裁判実務体系28　震災関係訴訟法』（共著）　青林書院1998年7月
　　　『不動産証券化の法務』（共著）　シグマベイスキャピタル　2000年6月
　　　『土壌汚染と土地価格の評価の実務』　さいと不動産投資顧問　2003年2月
　　　『地価汚染～地価に潜む土壌汚染』　環境新聞社　2005年8月

原田　裕之（はらだ　ひろゆき）執筆担当第5章
不動産鑑定士足立良夫事務所主任、不動産鑑定士

1968年（昭和43年）9月生まれ、愛知県出身　立命館大学産業社会学部卒

井上　利一（いのうえ　としかず）執筆担当第4章
NPO法人電線のない街づくり支援ネットワーク理事兼事務局長。株式会社ジオリゾーム代表取締役。1966年生まれ。立命館大学文学部哲学科哲学専攻卒業。京都の出版社、広告代理店勤務を経て、実父の死去に伴い、1995年(株)テレ・ワーク（現(株)ジオリゾーム）代表取締役就任。一級土木施工管理技士、土壌環境リスク管理者。
NPO法人電線のない街づくり支援ネットワーク理事兼事務局長として、日本の電線類地中化を推進すべく、セミナー開催や講演活動をしている。講演テーマ「日本の電柱はなぜなくならないか？」「環境配慮型不動産を作り出せ！」等。共著に『電柱のないまちづくり』学芸出版社。

電柱のない街並みの経済効果

2011年4月1日　初版発行

著　者　足　立　良　夫
　　　　井　上　利　一
発行者　中　野　博　義
発行所　㈱住宅新報社
〒105-0003　東京都港区西新橋1-4-9（ＴＡＭビル）
　　　　編　集　部　☎ (03)3504-0361
　　　　出版販売部　☎ (03)3502-4151
　　　　URL http://www.jutaku-s.com/

大阪支社　〒541-0046　大阪市中央区平野町1-8-13（平野町八千代ビル）☎ (06)6202-8541㈹

印刷／亜細亜印刷　　　　　　　　　　　　　　Printed in Japan
落丁本・乱丁本はお取り替えいたします。　　　ISBN978-4-7892-3383-5　C2030